致敬雷锋

诗选100首

胡世宗◎编

沈阳出版发行集团
沈阳出版社

图书在版编目（CIP）数据

致敬雷锋：诗选100首 / 胡世宗编 . —沈阳：沈阳出版社，2022.8

ISBN 978-7-5716-2485-9

Ⅰ . ①致… Ⅱ . ①胡… Ⅲ . ①学习雷锋—学习参考资料 ②诗集—中国—当代 Ⅳ . ① D648 ② I227

中国版本图书馆 CIP 数据核字（2022）第 087663 号

出版发行：沈阳出版发行集团|沈阳出版社
（地址：沈阳市沈河区南翰林路10号　邮编：110011）
网　　址：http：//www.sycbs.com
印　　刷：辽宁泰阳广告彩色印刷有限公司
幅面尺寸：140mm × 210mm
印　　张：10.5
字　　数：200 千字
出版时间：2023年1月第1版
印刷时间：2023年1月第1次印刷
责任编辑：周武广　张　畅　范莹莹
封面设计：杨　雪
版式设计：润泽文化
责任校对：王志茹
责任监印：杨　旭

书　　号：ISBN 978-7-5716-2485-9
定　　价：39.50元

联系电话：024-62564985　024-24112447
E - mail：sy24112447@163.com

序 preface 言

★

永远的雷锋　永远的颂歌

胡世宗

习近平总书记说，“雷锋是时代的楷模”“雷锋精神是永恒的”。

1963 年 3 月 5 日，毛泽东主席题词“向雷锋同志学习”发表迄今已近六十年了。

六十年来，中国人民在中国共产党的领导下，从站起来，到富起来，再到强起来，经历了前所未有、前所未闻的、令世界瞩目的翻天覆地的巨大变化。如今，高歌猛进到了中国特色的社会主义新时代。

中国人民战胜了无数的艰难险阻，克服了数不清的困难，推进社会主义经济建设和改革开放的伟大事业，在物质文明和精神文明两个方面，都取得了耀眼的成就。

二十世纪六十年代初，在人民解放军军营中诞生了一个平凡而伟大的共产主义战士，他的名字叫雷锋，他的出现，代表着中国崭新的年轻一代，代表着我们国家、我们民族新生的力量，如诗人贺敬之在诗中唱道："啊，雷锋 / 就是这样地 / 代表我们出现了！……/——像朝阳初升 / 一样的合理，/ 像婴儿落地 / 一样的合情！……"

无论社会面貌发生怎样的变化，人们对于雷锋的怀念、追思和歌唱，从来没有停止过。从党团组织的活动，到少先队的队会，抑或是群众自发的活动，人们时不时地寻找并朗诵着歌唱雷锋的优秀诗作，电台，电视台，各种晚会，甚至抖音、快手这样一些网络平台，都有人展示和交流各自创作的歌颂雷锋的诗作。

从党和国家的领导人，到我国军队著名的将帅，从我国诗坛新老唱将，到普通的诗歌爱好者，甚至从来没有写过诗的人都来歌颂雷锋，六十年来涌现了太多颂扬雷锋、颂扬雷锋精神的诗歌。用"浩如烟海"这样的形容词来形容这种真诚而繁荣的创作现象也不为过。

雷锋这座人类精神文明的丰碑，从耸立那天起，就一直令人仰慕和敬佩。

雷锋精神纳入 2021 年 9 月党中央批准中央宣传部梳理的第一批中国共产党人精神谱系，习近平总书记强调雷锋精神的核心是信念的能量、大爱的胸怀、忘我的精神、进取的锐气。用诗来歌颂雷锋和雷锋精神是再自然不过的事情。

特别是每年的 3 月 5 日，人们在各种纪念活动中都寻找、传诵雷锋诗歌，也有很多是现创作的有关雷锋的诗。这是非常可以被理解和尊重的人民群众的普遍愿望，是我们时代的一种可贵的精神渴求。

这本诗选可以说是应运而生。沈阳出版社的领导和编辑急群众之所急，应群众之所需，邀我主编了这本专门歌唱雷锋的诗歌选集。我翻阅、浏览、审视了六十年来创作、发表、出版的歌唱雷锋的大量诗作，也有朋友向我推荐好的作品，我还给很多诗人发了征求雷锋诗的信函，打了电话，发了微信。为方便今天的读者阅读和朗诵，我们确定了一个原则，就是只选新诗，不收旧体诗作。有的成名诗作虽然略带当年时代痕迹，但感情真挚，诗意浓郁，在广大读者心中已成必不可少的有定评的名篇，我也照例选入书中；有的诗作当时看似乎可以，但今天看却有明显缺欠或不适，这样的作品大都忍痛割爱了。因我的视野和眼力所限，遗珠之憾避免不了。

这里我想特别说一下贺敬之老师的《雷锋之歌》节选一事。我在连队当兵时曾沉醉地全文背诵了这首长诗，并荣幸地铭记了大半生。在编这部《致敬雷锋——诗选100首》诗选时，诗人高洪波对我说："有贺老爷子一首《雷锋之歌》，别的均可搁笔了。"我觉得这是对这首经典名作最高的评价。如何把这首长诗呈现在这个选本里呢？我不好减去任何一行。我的诗兄胡笳曾与柯岩大姐一起主编了《与史同在：当代中国新诗选》，他告诉我，当年是柯岩亲自动手节选了《雷锋之歌》，放到诗选中的，别人不可能节选得如此精准恰切。在这里，我很幸运地照搬了柯岩大姐的选本。

愿这本精选的歌唱雷锋的诗集，能成为广大诗歌写作爱好者、诗歌朗诵爱好者、雷锋传人、学雷锋志愿者和更多读者、特别是青少年读者手上常翻阅、常背诵的一个范本，也希望它成为青春珍藏的宝物和朋友间互相馈赠的一件礼品。

2023年1月8日于海南琼海博鳌金湾云墅

目录

catalogue

目录

catalogue

目录
catalogue

目录
catalogue

目录
catalogue

目录
catalogue

目录 catalogue

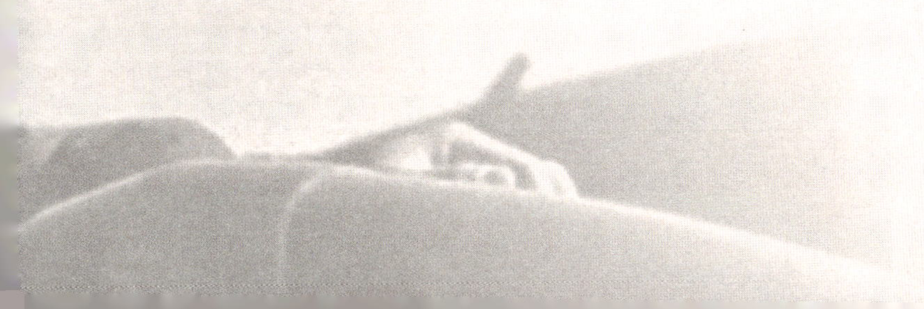

目录

catalogue

目录

catalogue

雷锋之歌（节选）*

★

贺敬之

一

假如现在呵
我还不曾
不曾在人世上出生，
　　假如让我呵
　　再一次开始
　　开始我生命的航程——

---

*本诗选自柯岩、胡笳主编的《与史同在：当代中国新诗选》（上卷），作家出版社，2005年

在这广大的世界上呵
哪里是我
最迷恋的地方?
　　哪条道路呵
　　能引我走上
　　最壮丽的人生?
面对整个世界,
我在注视。
　　从过去,到未来,
　　我在倾听……
八万里
风云变幻的天空呵
今日是
几处阴?几处晴?
　　亿万人
　　脚步纷纷的道路上
　　此刻呵
　　谁向西?谁向东?
哪里的土地上
青山不老,
红旗不倒,

大树长青?

　　哪里的母亲

　　能给我

　　纯洁的血液、

　　坚强的四肢、

　　明亮的眼睛?

让我一千次选择:

是你,

还是你呵

——中国!

　　让我一万次寻找:

　　是你,

　　只有你呵

　　——革命!

生,一千回,

生在

中国母亲的

怀抱里,

　　活,一万年,

　　活在

伟大毛泽东的
事业中！

呵，一切
都已经
证明过了……
一切一切呵
还在
证明——
这里有
永远
不会退化的
红色种子；
这里有
永远
不会中断的
灿烂前程！
看步步脚印……
望关山重重……
有多少英雄呵
都在我们

行列中！

　　领我走，

　　教我行……

　　跟上一步呵，

　　一次新生！

在今天，

我用滚烫的双手

抚摸着

我们的

红旗——

　　又一次把

　　母亲的

　　衣襟

　　牵动……

让我高呼吧！

看呵，

在我们的大地上，

在党的

摇篮中——

　　此刻，

又站起来

一个多么高大的

我们的

弟兄！……

二

让我呼唤你呵

呼唤你响亮的名字，

你——

雷锋！

我看着

你青春的面容，

好像我再生的心脏

在胸中跳动……

我写下这两个字：

“雷、锋”——

我是在写呵

我们阶级的

整个新一代的

姓名；

我写下这两个字：

“雷、锋”——

我是在写呵

我的履历表中

家庭栏里：

我的弟兄。

你的年纪，

二十二岁——

是我年轻的弟弟呵，

你的生命

如此光辉——

却是我

无比高大的

长兄！

……我奔向你面前！

带着

母亲给我的教训，

和我对你

手足的深情……

　　仿佛一刹那间

　　越过了

　　千山万岭……

呵！我像是

突然登上泰山，

　　站立在

　　日观峰顶……

我看见

海浪滔滔的

母亲怀中——

　　新一代的太阳

　　挥舞着云霞的红旗，

　　上升呵

　　上升！……

那红领巾的春苗呵

面对你

顿时长高；

　　那白发的积雪呵

在默想中

顷刻消溶……

今夜有

灯前送别；

明日有

路途相逢……

“雷锋……”

——两个字

说尽了

亲人们的

千般叮咛；

“雷锋……”

——一句话，

手握手，

陌生人

红心相通！……

三

呵！我看着你，

四

……仿佛已经
十分遥远
十分遥远了，
　　——那已过去了的
　　过去了的
　　许多情景……
那些没有光亮的
晚上……
那些没有笑意的
面容……
　　那些没有明月的
　　中秋……
　　那些没有人影的
　　茅棚……
在哪里呵，
爸爸要饭的
饭碗？……
　　在哪里呵，

妈妈上吊的

麻绳？……

在哪里呵，

云周西村的

铡刀？……

在哪里呵，

渣滓洞的

深坑？……

眼前是：

繁花似海，

高楼如山，

绿荫如屏……

耳边是：

歌声阵阵，

书声琅琅，

笑语声声……

睁开回头的望眼——

呵……

春风打从何处起？

朝阳打从何处生？……

消退了昨日的梦境——

呵……

镣铐曾在何处响？

鲜血曾在何处凝？……

长征路上

那血染的草鞋

已经化进

苍松的年轮……

淮海战场

那冲锋的呼号

已经飞入

工地的夯声……

老战士激动地回忆呵，

"我们在听、在听……

但那到底

已是过去的事情……"

——少年人眼前的

大路小路呵，

仿佛本来

就是这样

又宽、又平……

呵，要不要再问园丁：

我们的花园里

会不会还有

杂草再生？

梅花的枝条上，

会不会有人

暗中嫁接

有毒的葛藤？……

我们的大厦

盖起了多少层？

是不是就此

大功告成？

呵，面前的道路、

头上的天空，

会不会还有

乌云翻腾？……

……滚滚沸腾的生活呵，

闪闪发亮的路灯……

面对今天：

血管中的脉搏

该怎样跳动？

　　什么是

　　真正的

　　幸福呵？

　　什么是

　　青春的

　　生命？

……望夜空，

有倒转斗柄的

北斗……

看西天

有纷纷坠落的

流星……

　　什么是

　　有始有终的

　　英雄的晚年呵？

什么是

无愧无悔的

新人的一生？……

唔！有人在告诉我们：

——过去了的一切

不必再提起了吧！

只要闭上眼睛呀，

就能看见：

现在已经

天下太平……

什么“人民”哪，

什么“革命”，

——这些声音，

莫要打搅，

他酒兴正酣，

睡意正浓……

——今天的生活

已经不同了呀，

需要另外

开辟途径……

　　——最香的

　　是自己的酒杯，

　　最美的

　　是个人的梦境……

但是，且住！

可敬的先生……

　　收起你们的

　　这套催眠术吧！

　　革命——

　　永远

　　不会躺倒！

　　历史的列车——

　　不会倒行！

请看！

在我们的红旗下：

　　又是谁？

　　站起来

　　大声发言——

忘记过去吗?

不能!

不能!

不能!

　　因为我是

　　永远不会忘本的

　　“饥寒交迫的奴隶”——

　　中国的

　　革命的

　　士兵!

叫我们

那样活着吗?

不行!

不行!

不行!

　　因为我是

　　站在

　　不倒的红旗下,

　　前进在

　　从井冈山出发的

　　行列中！
问我的名字吗？
我的名字……
呵，我们的
名字：
　　雷——锋！……

五

雷锋，你是
真正的
真正的
幸福呵！
　　你是何等的
　　何等的
　　聪明！
你用我们旗帜一样
鲜红的颜色，
写下了
你短暂的

却是不朽的
历史,
　　你在阶级的伟大事业里,
　　在为人民服务的无限之中,
　　找到了呵——
　　最壮丽的
　　人生!
你的生命
是多么
富有呵!
　　在我们党的怀抱中,
　　你已成长得
　　力大无穷!
……可老战友们
总还习惯叫你
“小雷”呵——
　　你只有
　　一百五十四厘米
　　身高,
　　二十二岁的

年龄……

但是，在你军衣的

五个纽扣后面

却有：

七大洲的风雨、

亿万人的斗争

——在胸中包容！……

你全身的血液

你每一根神经，

都沸腾着

对祖国的热爱，

而你同时

在每一天，

每一分钟，

念念不忘：

世界上还有

千千万万

受难的弟兄！……

“上刀山！

下火海！……”

——雷锋呵，

在准备着！

　　风吹来！

　　雨打来！

　　——雷锋呵，

　　道路分明！……

呵！这就是

这就是

一个叫作

“雷锋”的

中国革命战士的

英雄姿态！

　　这就是

　　我们的大地

　　我们的母亲

　　以雷锋的名义

　　给历史的

　　回应——

人呵，

应该

这样生！

　　路呵，

　　应该

　　这样行！……

六

呵，让歌手们

歌唱吧，

　　登上我们

　　新的长城：

“……北来的大雁呵，

你们不必

对空哀鸣，

　　说那

　　寒霜突降，

　　草木凋零……

且看这里：

遍地青松，

个个雷锋！——

　　……快摆开

　　你们新的雁阵呵，

把这大写的

‘人’字——

　　写向那

　　万里长空！……”

啊！雷锋，雷锋，雷锋呵……

此刻

我不能

远远地

望着你的背影

把你赞颂，

　　——我必须

　　赶上前来！

和你

一起呵

　　奔向这

　　伟大的斗争！

呵！雷锋……

我不是

单独一人，

　　我在唱

　　我们亿万人民

　　内心的激动！

看呵，

奔你来！

学你来！

　　——我们的大地上

　　正脚步匆匆！……

看我们

大步前进吧！

　　看我们

　　日夜兼程！……

怕什么

狂风巨浪？！……

　　怕什么

　　困难重重！……

哪怕它呵

北风欺我

把我黄河

一夜冰封?

　　——我们有

　　革命壮志:

　　浩浩长江

　　万年奔腾! ……

哪怕它啊

山崩海啸,

天塌地倾?

　　——我们有

　　擎天柱:

　　我们的党!

　　我们有

　　毛泽东思想

　　炼成的

　　补天石:

　　百万——雷锋! ……

一把劈断昆仑的宝剑

郭沫若

毛主席《念奴娇——昆仑》一词中，有句云“安得倚天抽宝剑，把汝（昆仑）裁为三截。”我读了《雷锋日记摘抄》，感觉着雷锋同志就像这样一把宝剑。

雷锋，一把劈断昆仑的宝剑！
他虽然只活了二十二年，
他永远活在人们的心坎里，
他的声音永远在空中回旋。

我实在是非常平凡，
我年幼时经常吃不饱饭。

我是一个牧猪的孤儿，
我经常和可爱的猪儿作伴。

是党给了我新的生命，
使我成为毛泽东时代的少年。
没有党便没有新中国，
没有党便没我的今天。

牧猪儿被培养成为共青团员，
牧猪儿被培养成为共产党员，
牧猪儿被培养成为先进模范，
这岂不是所谓地异天变？

但我实在是非常平凡，
我是一点也不敢傲慢。
我把我——这一颗小螺丝钉，
要经常打磨得和水晶一般。

党是我生命的源泉，
党是我力量的源泉。

我经常把毛主席的话联系实践，

想吧，我敢！说吧，我敢！做吧，我敢！

我不怕任何艰险和困难，

纸老虎一定把它戳穿。

我在党的怀抱中十分温暖，

我不怕从北极带来的超度的严寒。

原子弹也是纸老虎，

我不怕什么氢弹和原子弹。

人的力量是决定一切的，

党能使人力填海移山。

我们是住在北温带里面，

春夏秋冬四季平分着一年。

但我把毛主席的话联系实践，

我便能够把春夏秋冬集中在一天。

我对同志如春天般和暖，

我对工作如夏日炎炎，

我对个人主义如秋风横扫败叶，
我对敌人如冬日般森严。

我是大海中的一珠水，
我要无保留地为人民贡献。
党要我入地，我就入地；
党要我上天，我就上天。

我自己实在是非常平凡，
有人说我是“傻子”，我也心甘情愿。
我是牧猪儿出身的人，
利国利民的事就应多干。

雷锋的声音永远在空中回旋，
他虽然只活了二十二年，
但他永远活在人们的心坎里，
就像一把劈断昆仑的宝剑。

1963 年 2 月 20 日

（《中国青年》1963 年 5—6 期）

想一想生命的意义

★

臧克家

你光芒四射的事迹，

你二十二个年头的历史，

同一篇报道，

送到我们的眼底。

对着你的小照，

念着你诗一般的日记，

惊异、钦敬的情感，

和惋惜混杂在一起。

放下手里的报纸，

想一想生命的意义，

这是一个古老的问题，

你做出了价值极高的崭新解释。

你的心像一条大道，

通向着党坦荡笔直，

毛泽东思想像鲜红的血液，

流在你周身的血管里。

你如此平易——

平易得像脚下的土地，

你如此崇高——

崇高得像青峰插入云际，

你像一颗小星，

亮在茫茫的银河里。

凄风苦雨摧残了青春的嫩枝，

党的巨手把你从万丈深渊里拉起，

严酷的生活教科书教育了你，

使一个孤儿成为无产阶级的伟大战士。

你埋头工作，不求人知，

你日夜思索，不想到自己，

你浑身是力，永远用不尽，

你有一股英雄气：

为了社会主义事业，

赴汤蹈火也在所不辞！

在乌云遮空的时候，

看到你坚定的目光特别明亮，

当困难临头的当儿，

你负重的形象在眼前挺立，

为了个人的利害闹情绪的人，

一想起你，带着羞愧把自私的念头收起……

你在每一条战线上奔走号召，叫人奋起，

你站在每个人面前鼓舞着他的斗志，

现在，你虽然已经停止了呼吸，

死，对于你：只是一个雷锋化作了亿万条身子。

（《中国青年报》1963年2月23日）

春早湖山
——读雷锋日记

★

赵朴初

如锥笔，

一字一条血迹。

大海全身投一滴，

望尘惭莫及。

为善不辞心力，

为学只争朝夕。

多少英雄山岳立，

向雷锋学习。

1965 年 6 月

沿着你走过的道路

★

柯　岩

沿着你走过的道路，
我寻找你的脚步……

我看见凄凉破落的村庄，
我看见崎岖泥泞的小路；
我看见不会欢笑的婴儿，
我看见没有炊烟的茅屋；
我看见父亲仇恨的眼睛，
我看见母亲含冤的坟墓。
呵，我的血迹斑斑的村庄呵，
浸透了穷人眼泪的小路……

你赤着瘦小的双足，
雷锋叔叔，是你，是你呵，
在那儿艰难地学步……

沿着你走过的道路，
我寻找你的脚步……

我看见阳光灿烂的大地，
我看见红旗在迎风飞舞；
我看见阿姨鬓旁红艳艳的春花，
我看见叔叔手里沉甸甸的秋谷；
我看见老人含着喜悦的热泪认字，
我看见小孩带着早晨的微笑背书。
呵，我的解放了的村庄呵，
蜿蜒千里直通向北京的小路……
雷锋叔叔，我看见——
我看见你从这儿跑向队旗，
开始把对党的热爱倾吐……

沿着你走过的道路，

我寻找你的脚步……

我看见你闪着欢乐的眼睛走进望城县，
我看见你带着依恋的神情离开团山湖；
我看见你生气勃勃耕耘在温暖的故乡，
我看见你挥汗如雨奔忙在沸腾的钢都；
我看见你在把呼啸的洪水拦阻，
我看见你在向腾空的烈火猛扑。
呵，我亲爱祖国的广阔河山呵，
哪一处没有你深情的目光凝注？
雷锋叔叔，我看见——
我看见你火焰般的青春呵，
燃烧在，燃烧在革命的熔炉……

沿着你走过的道路，
我寻找你的脚步……

我看见你在帮烈属大娘浇地，
我看见你在给人民公社割谷；
我看见你在给新盖的学校添砖，

我看见你在水库工地上挑土。

白天，你在人代会上发言，

深夜，你在给同志缝补衣裤；

清晨，你热情地送老大爷赶车，

灯下，你耐心地教小学生做算术……

呵，雷锋叔叔，看着你——

看着你每一滴满含欢喜的汗珠，

我懂得了，什么叫为人民服务。

沿着你走过的道路，

我寻找你的脚步……

我看见你接过方志敏的红旗，

我看见你在走黄继光的道路；

我看见你日记本上马雅可夫斯基的诗句，

我看见你学习手册上马克思的语录；

我看见你密密圈点的《毛泽东选集》，

我看见你在向亚、非、拉人民热情欢呼；

我看见你在营火晚会上唱家乡小调，

我看见你在给小朋友画世界地图……

呵，雷锋叔叔，我跟着你——
跟着你在整个宇宙遨游呵，
我觉得，人生——是这样丰富。

沿着你走过的道路，
我寻找你的脚步……

我看见你青春的面容，
没有一丝忧愁的云雾；
我看见你迈着战士坚定的阔步，
从一个高度攀登到另一个高度。
没有心灵的不安，
没有感情的踌躇；
没有个人的苦恼，
没有生命的虚度……
呵，雷锋叔叔，我看着——
看着你革命战士欢乐的一生，
我找到了，找到了真正的幸福。

沿着你走过的道路，

我寻找你的脚步……

呵，我看见——
像两点之间的直线，
你生活得那样单纯、严肃；
像无边无际的大海呵，
你的胸怀那样广阔，丰富；
像水晶一样透明呵，
像真理一样朴素；
你永不熄灭的生命火把呵，
照耀着我们少先队员的道路。

呵，雷锋叔叔，让我们——
让我们沿着你走过的道路，
寻找，寻找你的脚步……
让我们踏着你走过的道路呵，
跟随你前进，一步，又一步……

叔叔永远年轻

★

尹世霖

有一位叔叔永远年轻，
二十二岁是他永恒的年龄。
一代代孩子都叫他叔叔，
不管岁月的长河滚滚奔腾。

年轻的叔叔有年轻的面容，
他的微笑留在千万人心中。
那微笑是正义、善良的化身，
是友爱和温暖的象征。

年轻的叔叔有年轻的心灵，

像一粒火种播进人们心中。
那火种放射出希望之光，
照亮人生的光辉旅程。

爸爸、妈妈小时候向叔叔学习，
激动的小脸儿像红领巾一样鲜红。
我们也从小学习叔叔，
将来为祖国建设立功。

在祖国广袤土地上的人们，
哪一个不知道叔叔的英名！
年轻的叔叔永远年轻啊，
因为亿万人民心里都有你——雷锋！

（《中国少年报》第 1718 期）

你，浪花里最清的一滴

魏钢焰

在这里，

我要唱一个人。

他不是将军，

却立了无数功勋；

他不是文豪，

却写下不朽诗文；

他如此平凡，如此年轻，

像一滴小小的春雨，

却渗透——

亿万人的心！

为什么啊为什么，

亿万人民的心里，

都念着这个

二十二岁士兵的姓名？

他啊，

是一滴水，

却能够

反映了整个太阳的光辉！

他啊，

是刚展翅的鸟，

却能够

一心向着党飞！

他啊，

是才点亮的灯，

只不过

每一分光都没浪费！

他啊，

是刚敲起的鼓，

却能够

每一声都化成雷！

啊，雷锋！

你不为自己编歌曲，

你不为自己织罗衣，

你不为自己梳羽毛，

你不为个人流一滴泪，

啊，雷锋！

你，国际歌里的一个音符；

你，红旗上的一根纤维；

你，花丛中的红花一瓣，

你，浪花里最清的一滴！

青春！

永生！

壮丽！

看列兵雷锋啊，

一步一个回声，

一步一支歌曲，

直响透

未来的无穷世纪！

1981 年 5 月

雷锋歌

★

公　刘

有一个学生，他的名字叫作雷锋，
有一个农民，他的名字叫作雷锋，
有一个工人，他的名字叫作雷锋，
有一个战士，他的名字叫作雷锋，
不论雷锋他在哪里，
都是一株高大的青松。

我们也是学生啊，尽管名字各有不同，
我们也是农民啊，尽管名字各有不同，
我们也是工人啊，尽管名字各有不同，
我们也是战士啊，尽管名字各有不同，

在革命的土壤中，
生活的须根彼此相通……

像他一样，化阳光雨露为不凋的青葱，
像他一样，芬芳从每个细胞往外喷涌，
像他一样，身正不怕狂风，
像他一样，造就擎天梁栋。
让祖国的山河布满松林吧，
在我们挺立的大地上，岂容有匍匐的棘丛！

所有的学生，是普通人也将是英雄，
所有的农民，是普通人也将是英雄，
所有的工人，是普通人也将是英雄，
所有的战士，是普通人也将是英雄。
只有二十二道年轮，但永远是我们的长兄！

1963年4月于太原

紧跟你的步伐
——在雷锋墓前

★

方　冰

有的人活上一百岁，
还想活得更多，
可是却像一只耗子，
辛苦地经营自己的窝。
死后却没给这世界
留下一点有益的东西。
犹如一片虫蛀的败叶，
管它往哪里飘落。
就连他的儿女，
也很快把他忘却。

有些人的生命，

却是那样短暂，

刹那间便消逝了，

像暴风雨中的雷电，

陡然划破长空，

震撼着大地，

送好雨滋润万物，

洗刷人间的污染。

虽然死了，还活着，

永远被人们怀念。

究竟谁的生命长久？

谁的生命短暂？

不能看头发白头发黑，

不能拿年龄来计算。

为公，还是为私，

是最准确的尺度，

为人民献出满腔热血，

还是趴在个人的洞窟？

人民的心坎上，

是最好的埋身处！

雷锋啊！你短暂的一生，
发出多么巨大的能量？
你的生活的每个细节，
都闪耀毛泽东思想的光芒。
“向雷锋同志学习！”
亿万人心头震荡着回响。
老人站在你的遗像前，
教育子女要像你一样。
青年人高唱雷锋之歌，
行进在革命大道上。

你这革命的良种啊！
飞到哪里，哪里发芽，
零下四十度的边防哨所，
火焰喷射的炼钢炉旁，
劈山引水的爆破声中，
窗明几净的课堂，
柜台边、列车上、病房里……

千百万雷锋到处成长。

你依然迈着雄健的步伐，

行走在行列的最前方。

不是年老的才能带头，

年青的只能在后边跟，

要看革命的大旗，

在谁的手中高擎。

我的生年比你长两倍，

而你是先觉，我是后生。

我的真实的生命啊！

才书写新的第一章，

紧跟你的步伐，向前！

1963 年

献给雷锋

★

西中扬

你没有赶上万里长征，
爬雪山，过草地；
你没有遇上抗日烽火，
钻地道，打游击；
你没有穿过红军草鞋，
你没有吃过延安小米。
那辉煌的历史啊，
都没有渗进你的血液。

但是你深深懂得，
怎样做一个革命者的后裔，

在这新的历史上面，

写下闪光的字句！

这是个光辉的时代啊，

到处都充满着奇迹；

未来的儿孙把我们羡慕，

将不亚于我们羡慕过去！

原野啊果实累累，

但不是只留给我们挑瘦拣肥；

夜空啊明如秋水，

但不是只给我们谈天说地。

没有敌人的逼迫，

难道我们就可以游乐嬉戏？

没有皮鞭的抽打，

难道我们就可以忘掉血衣？

不，那飘扬的红旗，

是倒下的战士递到我们的手里，

不，那雪亮的宝剑，

是白发的前辈挂到我们的腰里。

他们打下的万里江山，

正需要我们重新设计，

他们创建的巨大家业，

正等待着我们辛勤奠基。

所以你埋头工作，

从不吝惜精力；

所以你紧张劳动，

从不考虑自己。

革命需要你到哪里，

你马上背起背包走到哪里；

人民需要你担当什么，

你立即拍着肩膀挺身挑起。

你虽然没有用胸膛堵住枪眼，

但到处都流下你炙热的汗滴；

你虽然没有用热血写下遗言，

但遍地都印着你忠诚的心迹。

谁不说这样的青春才叫美好，

这样的人生才叫壮丽，

这样的同志才算做真正的战士，

这样的青年才配称革命后裔。

我的好战友啊，

我的好兄弟，

你写下的一部鲜红历史，

正陈列在我们的心里。

当我们看到红旗的时候，

便想起了你，

当我们想起了你的时候，

便看到了一面红旗！

（《解放军报》1963 年 3 月 5 日）

雷锋赞

★

未央

湘江的流水啊，

　　奔腾不息，

　　　　那是在把你歌唱。

雪峰山的青松啊，

　　迎风呼啸，

　　　　那是在把你赞扬。

雷锋，

　　年轻的后生，

　　　　伟大的战士，

三湘的土地，

　　有了你这男儿，

又增多少荣光。

你活着，

你没有死，

你永远在我们身旁。

啊，

我看见了你，

看见你大步走来。

那南方人的小身材，

高昂着头，

眼睛多么明亮。

军装洗白了，

领章上的银星，

闪闪发光。

你说话，

带着湖南乡音，

严肃而幽默。

你爽朗的大笑，

情感真挚，

胸怀坦荡。

你走进邮局，

是寄一封家信，

问候慈爱的父母？

不，

提起家呀，

就叫人心伤。

父亲死在日本屠刀下，

哥哥替大老板挣钱死亡，

妈妈含冤悬了梁……

你走进邮局，

是寄一封情书，

给远方的姑娘？

不，

年轻人哪，

哪有工夫为这奔忙。

美妙的青春，

应该献给壮丽的事业，

献给亲爱的党。

你走进邮局，

是想起了人民政府，

想起遭灾的地方。

寄去你的钱，

　　寄去你全部的爱情，

　　　　寄去你宏大的理想。

雷锋，

　　年轻的后生，

　　　　伟大的战士，

你活着，

　　你没有死，

　　　　你永远在我们身旁。

星期天，

　　休息的日子，

　　　　你去看病。

工地上，

　　沸腾火热，

　　　　牵住了你的心房。

共产主义的大厦呀，

　　在破土奠基，

　　　　在竖柱架梁。

战士啊，

　　怎能白白走过，

怎能袖手一旁。

青春之火燃烧起来，

手推车，

吱嘎地响。

一滴滴汗，

滴进了，

土地深处。

一块块砖，

砌成了，

大厦的门窗。

这就是生病的时候，

这就是休息日，

这就是战士的生活。

雷锋，

你活着，

你永远在我们身旁。

又是一个日子，

大雨滂沱，

雷声滚响。

你抱着孩子，

背着小包，

和一个妇女走在路上。

好像从远方归来，

好像是一家人，

回到自己故乡。

不，

你是护送他们母子，

你们并不认识。

天下的劳动人民哪，

都是你的兄弟，

都是你的爹娘。

怒卷的风，

狂暴的雨，

天黑路长，

你的心里，

一片春景，

一片阳光。

活着，

就是为了使别人

过得更美好。

雷锋，
　　你没有死，
　　　　你永远在我们身旁。
我看见你，
　　驾着推土机，
　　　　威武地前进。
我看见你，
　　在列车里，
　　　　扫地抹窗。
我看见你，
　　写每天的日记，
　　　　那红色的历史。
我看见你，
　　苦读毛主席的书，
　　　　沉思那每一句每一行。
我看见你，
　　伏在枕头上，
　　　　做着甜蜜的梦，
梦见了，
　　毛主席，

你热泪盈眶。

你的步伐，

就是强劲的鼓点，

铿锵作响。

你的生命，

就是鲜红的旗帜，

高高飘扬。

千万青年，

呼唤你的名字，

像你一样战斗。

你活着，

你没有死，

你永远在我们身旁！

（《湖南文学》1963年3月号）

雷声万里

★

程光锐

一个响亮的名字
在飞翔，
一本红色日记
在传诵，
一阵雷声，
滚过万里长空；
在千万人心头，
回响，轰鸣……

啊，雷锋，
你是个怎样的英雄？

普通的战士，

平凡的事迹，

伟大的心灵，

二十二年，

短促的生命，

战斗的一生。

手上的三道刀痕，

雷家的四条性命，

荒山破庙，

凄风苦雨，

流落飘零……

难忘的仇，

难忘的恨，

深深埋入心中。

终于熬到那一天，

春风把湘江吹醒；

一片绿波啊，

映着你眼中热泪，

枪上红缨；

一江流水啊，

流不尽你的欢乐，

党的恩情。

永远跟党走，

一心为革命，

哪管它刀山火海，

暴雨狂风！

党指向哪里，

你就奔向哪里；

你站到哪里，

哪里就一片火红。

最难忘：

那个幸福的梦，

梦中太阳升，

毛主席啊，

最亲的人，

殷切的叮咛……

醒来时，

灿烂阳光耀眼明。

月下，灯前，

深夜，绝早，

行军，宿营……

你读破毛主席的著作，

掘开了真理的矿层；

万丈光辉啊，

把你的心照亮，

思想映红。

短促的一生，

不朽的生命！

多么平凡，

你像一条小溪，

把爱情献给田垄；

多么崇高，

你像一座山峰，

把壮志写上长空。

你的心愿：

写鲜红的历史，

画美丽的青春；

你的格言：

不做风前杨柳，

要做岩上青松；

为人类最壮丽的事业，

献出整个生命。

你的生命，

像一滴水，

纯洁、晶莹，

滴入大海大洋，

化作波涛万顷，

在人们心头激荡，

每个深夜，

每个黎明。

多少人沉思：

什么是生命的意义，

青春的内容；

多少人猛省：

什么是真正的幸福，

最大的光荣；

多少人宣誓：

一定把历史写得鲜红！

新的雪山，

新的草地，

新的大渡桥横……

今天正进行，

社会主义的新长征，

怕什么！

跨过去！

我们是千千万万个雷锋！

（《诗刊》1963 年第 3 期）

雷锋之路
——读《雷锋日记》

★

石　祥

一

日月经天，

留下一道闪光的轨迹；

江河行地，

刻下行行美丽的诗句。

啊：雷锋——

一个普通士兵，二十二个春秋，

写下一部人生的日记！

一字，一个坚实的脚印；
一句，一级登攀的阶梯；
一行，一段跋涉的征程；
一篇，一张人生的履历。

不是诗人，字字却饱含诗意；
不是哲人，句句却充满哲理；
不是记者，记录得却如此翔实、具体；
不是作家，描写得却这般生动、细腻。
天气——有阴、有晴、有风、有雨；
道路——有坑、有洼、有直、有曲；
生活——有酸、有甜、有苦、有辣；
感情——有爱、有恨、有悲、有喜。

审视自己，像对照镜子；
批评自己，像洗脸扫地；
剖析自己，经常动手术刀；
督促自己，不断扬鞭奋蹄。
人该怎样活？
——如何活得有价值、有意义！

路该怎样走？
——如何走得一往无前，所向披靡！

雷锋日记——
是人生的座右铭，
给我们昭示，给我们启迪！
雷锋日记——
是前进的里程碑，
给我们方向，给我们毅力！

二

啊！雷锋日记，
为什么没能接着写下去？
啊！雷锋之路，
为什么没能继续走下去？

十年浩劫，
几番风雨！
多少人感叹：雷锋叔叔不在了！

多少人惋惜：很难找到一本《雷锋日记》！

龙潭湖里有人落水，

——快救命啊！

波涛呼唤：雷锋同志，你在哪里？

公共汽车人多拥挤，

——谁让座呀！

孩子呼叫：雷锋叔叔，你在哪里？

同志需要温暖，

——春风啊，你在哪里？

机器需要螺丝钉，

——钉子精神，你在哪里？

啊！三月的风，

带来春的消息——

雷锋回来了！

在祥和、稳定的年月，

他行进在我们行列里！

报春的燕子告诉我：

他拾金不昧，物归原主，把姓名隐匿；
嘹亮的汽笛告诉我：
他乘车让座，扶老携幼，匆匆离去。

地震灾区，是谁寄来了汇款？
孤寡老人，从哪里飞来儿女？
门前积雪，是谁早早地清扫？
江河小桥，是谁悄悄地搭起？

啊！雷锋，
——是他，是你，
人人都像雷锋的兄弟；
啊！雷锋，
——这里，那里，
到处都有雷锋的足迹！
啊！我读着《雷锋日记》，
——也在读着我自己！
怎样接过雷锋的笔，
写下革命人生的日记！
怎样踏着雷锋的路，

迎接改革开放的新世纪!

无论大小气候如何变幻,
不管遇到什么狂风暴雨,
中国的第三代、第四代……
世世代代向雷锋同志学习!

雷锋日记,要一天一天写下去!
雷锋道路,要一辈一辈走下去!
千百万雷锋屹立在世界东方,
——看一轮红日,正冉冉升起!

(《北京晚报》1990 年 3 月 9 日
《新华文摘》1990 年第 6 期)

雷锋，永远的春天

峭　岩

在三月的潮讯里，你来了
你来了，新闻媒体涨红了眼睛
江南椰林江北杨柳挥舞花枝
老人的夕阳少年的青春也纷纷涂红
听说，从此你不再离开
是吗？和我们携手共度苦乐苍生

在你离开我们春去秋回的雨打霜冷里
我是多么思念你的诗歌你的笑容
你的日记本翻黄了皮肤擦亮了心跳
那个方向盘导引了我半生的行踪

你那春天的诗行教会了我怎样写诗
我从二十二个年轮里找到了人生的半径
我总在想，人生绝不是醉生梦死
支撑宇宙的永远是璀璨的星辰

在时间的五颜六色中我始终辨证
一种声音，它时远时近，时强时弱
召唤我的脚步弹拨我的神经
在奔赴的迷离中我也曾数着
钱币的良心和道德的纬度
是不是远离地球和太阳的轴心？

我一再警告我迈出的每一个步伐
是不是走向了什么的幻境
我也曾叩问功名利禄
是不是磨钝了我的刀锋
在潮头浪尾里游走四方
我不曾忘却你在离去前敲响的钟声

还好，道义、博爱、忠勇

固有的中华道德之垒挺立苍穹

还好，无私、奉献、真诚

已牢牢筑起精神的不倒山峰

雷锋，你知道吗？在你之后

在精神滔滔大河之上的浪追浪赶里

又有多少前赴的老者和击空的雄鹰

你不走了，雷锋，好啊

雷锋，永远与我们同行

我们走的是一条亘古不变的朝阳大道啊

是道义

　　是仁爱

　　　　是春风……

雷　锋

★

王怀让

永远新鲜的雷声
永远尖锐的刀锋
一颗螺丝钉
所有的机器通用

所有的苗圃里
都有你那身军装的绿
所有的花丛中
都有你那颗红星的红

你的车轮和日轮一起

滚过每一个日子

你的目光和月光一起

照进每一个梦境

一首诗歌

越读越觉得生动

一个故事

越讲越让人动情

（《河南日报》1992年2月29日）

雷锋祭文

★

李松涛

高尔山默哀，浑河水饮泣。公历2012年8月15日——农历壬辰龙年，龙族后裔，在此举行雷锋殉职五十周年公祭。遗骨长埋抚顺土中，形象久活众人心里。陵前祭扫曰：

长城内外千峰肃立，
五湖四海万水屏息。
华夏儿女，共朝辽东仰望；
各族人民，齐向雷锋致意。

严冬诞于湘江岸畔，
盛夏逝于抚顺营区。

二十二岁短暂人生，

成就一部永恒传奇。

吃过黄连，

尝过甜蜜：

先历坎坷荆棘，

生路泪痕血迹；

后逢丽日晴空，

孤儿扬眉吐气。

南北务农做工，

怀志始入军旅。

为一班之长，朝夕一班表率；

当人民代表，代表人民利益。

服务大众，一心一意；

竭诚奉献，完全彻底。

肝胆映河山，

魂魄寄天地。

领袖号召春风化雨，

神州勃然遍地新绿。

业绩流芳，

户晓家喻。

经典笑脸，昭示一条路；

助人事迹，飘作一面旗。

笔下文字，铸生命格言；

口中话语，凝哲思警句。

“雷”声洪亮，

“锋”芒犀利；

云水滋润，

甘霖洗礼。

一个姓名，

顿增真善美人文气息；

两个汉字，

改变共和国精神格局。

无数诗词、图画、歌曲，

无数影视、小说、戏剧，

颂扬乃是敬慕；

赞美实为学习。

军营座座尽战友，

社会处处皆兄弟。

时空疏隔，斗转星移，
音容宛在，魂脉永续。
为世代福祉，
为中华崛起，
修心修为，绵延不息，
薪火相传，绝非孤旅。
焦裕禄、王进喜、孔繁森、张海迪，
朱伯儒、李素丽、徐虎、郭明义，
亮成一盏盏时代明灯，
燃为一柄柄暖世火炬。
几多无私英模，
几多先进集体，
疏名淡利，甘苦不计，
情同日月，匡扶正气。
善举无巨细，
小事聚大义。
深情有众生，
大爱无疆域。
人人求给予，
心心零距离。

俯仰无愧排头兵，

良知领唱主旋律。

殉职五十春秋，

效法半个世纪。

榜样老班长，

导航好司机。

面对世界，成中国标识；

文明笃行，涌不竭动力。

笑容不老，

岁月重温民族精神履历；

青春依旧，

时光弘扬国家风尚创举。

价值历久弥新，

知行矢志不渝。

馨风瑞气，

承贯今昔。

慎终追远，

继天立极。

雷锋乃高尚道德里程碑，

抚顺乃传世精神诞生地。

团聚成一次缅怀、一次激励，

启迪出一次誓师、一次进取。

和谐之路拓宽，

幸福之门开启。

时空交汇，

共襄期许。

雷锋叔叔以及“最美妈妈”

★

黄亚洲

这是雷锋叔叔 1962 年的手臂吗
在西子湖畔，紧急地伸向空中
使一枚风中的落叶，又回到
生命的常青树上

那一刻，包扎那只断成三截的左臂的
是中国的连绵不绝的电波，和
连绵不绝的通栏标题
许多妈妈哭了，为属于自己的
这个伟大的称呼骄傲，许多
孩子哭了，为自己的妈妈和陌生的妈妈

许多中国人，在心灵深处，哭了

爱，在这个国家，没有骨折

记忆中，有无数这样的时刻

有人冲向火车，有人

冲向惊马，有人冲向开裂的冰河

他们伸出的，都是1962年的

雷锋的手臂

此刻，“申遗”成功不久的杭州西湖

又有人冲向坠落于十楼的陌生孩子

——“非物质文化遗产”的

又一粒晶莹的水珠，就这样，久久地

流淌在我们脸上

我一直听见，昏迷十天的小妞妞，怎样

喊出她的一声“妈妈”。懂事之后

她，会知道这个词汇的更厚重的含义

那一刻，夹住三十一岁的吴菊萍左臂的

是杉树皮做的小夹板

而那片静静的杉树林，一直

被来自抚顺的1962年的微风

吹拂着

从雷锋叔叔，到“最美妈妈”

一双春天的摇动的手臂，在我们周遭

不断分杈，成为

密密的树林

我们之所以称祖国妈妈，就由于

这片饱满的绿色！

（《光明日报》2012年3月5日）

相约三月

★

程步涛

相约三月

是相约一个美丽的季节

北方冰融

南方水蓝

风

传递着清新和甜蜜

连摇曳的柳丝

都变成迷人的琴弦

三月来了

三月来了

三月里会有一位士兵

给我们讲述他在平凡中孕育的伟大

朗诵他镌刻在二十二年生命路程上的

壮丽诗篇

他留在方向盘上的体温

在验证我们的血

是不是依然鲜红炽热

他洒在工地上的汗水

在测试我们的精神和品质

是不是依然像金子

像钻石

纯净

圣洁

一尘不染

而那本日记

那本曾使一个民族为之感动的日记

什么时候翻开

都会有浓烈的情思扑面而来

让我们感受

什么是春天的温暖

相约三月啊

相约三月

是为了拥抱

一个风和日丽的春天

这是思想与哲学的聚首

这是岁月与生命的庆典

春天和一名士兵

是我们的旗

是最嘹亮的乐曲

永远

永远

在我们耳边飘展

回旋

（《光明日报》2012年3月5日）

雷锋与我们同在

★

卢祖品

一

你的足迹是海燕飞翔的历史
航程永无止境
你的语言也许过于朴素
但始终洋溢着海洋的气息

在中国的田野播种耕耘
也许要付出更多的艰辛
而你默默在早春的田野撒播种子
朴素的语言充满火焰

二

有永不凋零的青春么?
一朵鲜花能开几种颜色?
只要进入跑道
就是奔腾不息的河流

年年月月　你栉风沐雨于
祖国的每一个晨昏
一切疑虑彷徨
在摇曳的春光中慢慢消散

三

假如绿叶不曾摆动
只要有清风　风过处
便有发自海天的回响
如果路途冰山阻隔
只要阳光坚定地辐射
冰水也会融进生命的诗篇

天空生长烟囱的乔木

铁路像蜜蜂

到处嗡嗡嘤嘤

这是一个喜庆的日子

又见你快步走来

轻轻跨过我们家屋

一道道心灵的门槛

（《人民日报》1993年3月5日）

雷锋，你是——

★

卜宝玉

你不是风靡一时的流行歌曲
仅仅被人们哼在口头
你是平凡而伟大的生命浪花
始终奔涌在心的河流

你不是没有生命的塑料盆景
仅仅为装饰才摆上三月的窗口
你是一棵扎根沃土的老树
年年岁岁结出甜美的石榴

你不是偶尔一用的农家工具

仅仅在耕作时才擦去铁锈

你是开拓者规范自己的武器

朝朝暮暮伴随在鞍前马后

你不是一个虚幻传奇的故事

仅仅为无聊的人们消愁解忧

你是一面凝聚亿万人的旗帜

是民族和时代骄傲的理由

（《北京晚报》1993 年 3 月 5 日）

以“三月”的名义

★

刘　镇

我的歌，唱给三月——
唱给“惊蛰”，唱给“春分”
唱给冰雪消融的欢歌
　　唱给泉水叮咚的抒情
以及春风婆娑的柳枝
悠悠白云、远去的帆影……

三月，因一个名字响亮！
三月，更因一种精神芳馨！
追踪那行年青的脚印
　　倾听万里晴空的回声

一位普通士兵的背影
何其高大，又何其亲近？！

三月，尽管也有霪雨倒寒
无权怀疑大踏步的挚诚！
她在每个屋檐之下
　　吁请打开每扇窗棂
并伸出你温暖的大手
别让没有淋湿的希望灰冷！

三月，尽管不花枝迷眼：
相信更多爱的觉醒！
为了无负庄严的许诺
　　耻之为耻荣之为荣
她欢呼“人”字的雁阵
继续没有叹息的奋行！

——也许你失去的太多
却不能再失去珍爱的追寻！
让如期归来的紫燕

不再老屋梁前疑怯
让布谷声声里的犁铧
灿亮种子受孕的丰盈！

也许你和我一样拥有
又同样憎恶那不义的贪吝
那么至少从脚下一方净土
拓展生命之树的绿荫
相信在三月的后面：
紧跟着的便是清明……

啊，三月，是一个守望！
三月，也是一个启蒙！
让我们学会感恩、报答
懂得进取宽容与怜悯
三月飘扬的旗帜上：
有雷的滚动，剑的青锋！

再读雷锋

★

宗　鄂

他不是伟人
也没有轰轰烈烈
　　传奇的人生
他的名字
却家喻户晓
他平凡的事迹
感动了
　　一个时代

今天
中国仍在呼唤他

——呼唤忠诚
　　呼唤美德
　　呼唤友爱和无私
　　呼唤正义和良心

有人说时代不同了
雷锋的名字已不时髦
的确他不“酷”
没有“追星族”
也不能与潇洒的白领相比
他只珍藏在亿万人的
　　心灵深处

再读雷锋，如读
一本绿色的书
一种温润的感觉
如浴三月春风
生命的绿树
不会荒芜

像雷锋那样乐于助人
从点滴的小事做起
大人物距我们太远
每一件小事都
　　与老百姓息息相关

风雪里为他人捧上一杯热茶
大雨中为他人撑开一把雨伞
用爱心为失学的孩子垒砌
　　一片希望
牵着盲人的手穿过
　　都市的斑马线
把一生的积蓄投进邮筒
让久旱的山村流进甘泉
有人用法律的无偿援助
为打工妹赢得失去的权利
这些善良和正直
常常不肯留下姓名

在共青团的团旗下

在解放军战士的行列里
在支援西部的列车上
在抗洪抢险的大堤前
这些年轻的志愿者
告诉我雷锋还活着
他的无数战友和同志
正踏着他的足迹走来
他的青春依然闪光
他的理想仍在继续
这些可爱的志愿者告诉我
为人民服务
是从雷锋短暂的一生中
读出的含义
当富翁很荣耀
多数人却并不幸运
发不义之财的
会被噩梦惊醒
金钱再多也无法填饱
饥饿的灵魂
把握权柄者毕竟是少数

更多的还是芸芸众生
争当火车头也很风光
火车头也离不开
　　螺丝钉

天下的道理很多
做人的道理只有一个
我像雷锋那样
一辈子做好事不做坏事
想一想
　　容易
做起来
　　难

雷锋的高地

★

桑恒昌

已经过了半个世纪
时光泯灭了许多痕迹
我经常如此发问
雷锋现在在哪里

他在小学的课本里
他在时代的颂歌里
他在老人的回忆里
他在时间的褶皱里

像一位失去联系的亲人

像一位久未谋面的知己
并非都患了痴呆和健忘
许多时候又把他想起

当一位老人跌倒在地
围观者不肯出一臂之力
每当此时，人们会问
如果雷锋在这里

夜黑风雨，汽车疾驰
行路的大嫂溅一身污泥
如果开车的是雷锋
他会把大嫂送回家里

这些不屑的点点滴滴
却是道德基因的变异
像病毒损坏心灵的机体
这是人生观的重大课题

雷锋在哪里，雷锋在哪里

问天问地问自己

其实每个人的心里

都亮着一片雷锋的高地

生命在搏击中闪光

★

金 哲

你是汗水一滴

是透明的思索一缕

你高擎一颗燃烧的心

在搏击和追索中诞生

你在开拓的毛孔里

亮起自尊的雕像

你在生活的浪尖上

校正人生的位置

于是，太阳和月亮

在你发热的躯体上

找到了时代永恒的主题！

思恋阳光

——写在雷锋殉职六十周年之际

★

蓝　歌

想你的名字　念你的名字

你的名字　镌在人们的心间

说你的名字　唱你的名字

你的名字　刻在人类道德的峰巅

六十年间　顺风顺水的时候

人们把你的精神实践

就像沐浴着阳光取暖

总会把你深切地思恋

六十年间　逆风逆流的日子

人们把你的精神顾盼

就像仰慕着阳光耀眼
总在把你深情地呼唤

你的名字　叫感恩
以阳光般的心态
感恩父母的养育
感恩家乡的关怀
感恩朋友的支持
感恩战友的爱戴
感恩组织的关爱
感恩尊长的期待
那种感恩啊
在勤勤恳恳中得到展现
在任劳任怨中得到信赖
在谦虚谨慎中得到理解
在忘我追求中得到青睐
于是　每当我想起你
便思恋阳光的神采

你的名字　叫奉献

以阳光般的温暖

奉献聪颖的智慧

奉献无穷的力量

奉献友善的情缘

奉献火热的衷肠

奉献无私的援手

奉献深情的笑靥

那种奉献啊

让心灵的冰河融化

让天涯的芳草鲜艳

让所有的光和热

聚敛为诚朴和信义的原子

去爆破所有的阴暗和冷眼

于是　每当我想起你

便思恋阳光的璀璨

你的名字　叫勤勉

以阳光般的执着

勤勉着每一缕光阴

勤勉着每一刻思索

勤勉着每一份职责
勤勉着每一项工作
勤勉着每一次机遇
勤勉着每一首诗歌
那种勤勉啊
靠的是点滴勤
靠的是挤和钻
靠的是理想不生锈
靠的是信念不动摇
靠的是操守不变色
于是　每当我想起你
便思恋阳光的蓬勃

你的名字　叫真诚
以阳光般的透彻
真诚面对每个人
真诚处理每件事
真诚理顺每种情绪
真诚反思每次过错
真诚聆听每种教诲

真诚现身每个场所

那种真诚啊

绝无一丝虚假

绝无一丝伪装

绝无一丝漂浮

绝无一丝做作

绝无一丝狭隘

绝无一丝猥琐

于是　每当我想起你

便思恋阳光的壮阔

你的名字　叫挚爱

以阳光般的炽热

挚爱生命　挚爱生活

挚爱生养的故土

挚爱第二故乡

挚爱党的怀抱

挚爱绿色军营

挚爱火红的年代

挚爱崛起的祖国

那种挚爱呀

使青春燃烧激情

使生命濡染本色

使思想炉火纯青

使岁月光华四射

使嘲讽变成追随

使荣誉功在不舍

于是　每当我想起你

便思恋阳光的洒脱

明媚的春阳里　捧读你的故事

总想掩饰你的平凡

不眠的灯光下　解读你的日记

总想破解你的不凡

平凡与不凡之间

跳荡着感恩、奉献、勤勉、真诚、挚爱

这些人人心有灵犀的字眼

这些洒满阳光的字眼啊

虽如一滴滴水珠那样微小

却折射着人性深处的光环

在历史的长河浪花中

这灵魂深处的积淀

这引领风潮的劲帆

无论多久　无论多远

都会蒸腾阳光般的烈焰

2021年12月20日

雷锋，新时代的明星

★

洪三泰

新的时代，新的星空，
新的最美的苍穹。
你看，那颗新的明星啊，
是人民之子，不朽的雷锋。

小小螺丝钉，无我的铁心，
铁定之爱为人民。
永远闪烁，恒久的青春！

对党忠诚是铁定的初心。
小小螺丝钉啊，紧紧铆着

党的信念，党的精神。

浩瀚的星空里，永恒的雷锋，

依然是小小的螺丝钉。

却光芒四射，那无穷的活力啊，

永远铆着中华民族，

两个一百年的复兴！

2021年12月12日

不落的高度

★

洪三川

我仰望一种高度
六十个屹立的春秋
已聚结成民族的精华

雷锋精神把民族的情感系上
与命运共同飞行

一种爱是无私的
一种恨是无情的
都让生命融入灵魂
让灵魂主宰生命

我仰望雷锋精神

这种高度是民族的憧憬

爱的情感弥漫星空

爱的大山在我的心中耸立

从东到西

从南到北

雷锋精神飞越千山万水

融合祖国大好河山

聚结民族精华

我在追逐着他的高度

2021 年 11 月 29 日

雷锋精神永恒

★

洪三河

雷锋　平凡而伟大的名字

如雷贯耳　乃时代先锋

二十二岁青春年华　已化作

苍穹上那颗最耀眼的星光

“向雷锋同志学习”

是那个时代百花争艳的景象

榜样的力量化为人间奇迹

祖国建设万马奔腾　蒸蒸日上

雷锋精神走进了伟大的新时代

亿万中华儿女不忘初心奋发图强

雷锋精神绵延华夏

雄健的根脉深植五千年文明沃土而永恒

瞻望雷锋像

★

洪景平

半个世纪前的秋日洁白透亮
蔚蓝之下　雷锋被永远塑造
英雄啊定格在落叶的轨迹上
定格在飘忽的眩晕中
定格在几代人记忆的深处

今天，我的瞻仰带着泪光
烟花的短暂对着记忆的永恒
艰苦的岁月对着美丽的忧伤

你的精神穿越时空而来

历久弥新　带着光芒

短暂的一生啊

青春的誓言竟如此明亮

一颗永不过时的螺丝钉

在新时代中闪闪发光

纪念日

★

洪江

每到 3 月 5 日
春风总记住这个日子
季节从心开始暖和起来
走过大地，遇见万紫千红
放眼世界，一片生意盎然

在学雷锋纪念日
我愿与春风携手
从翠绿的大地上走过
从每一个人的脸上拂过
留下爱的痕迹和奉献精神

高尚品行自带诗意的浓郁

被一遍遍朗诵

模范事迹恰似一首流行歌

被无数人传唱

记住这个纪念日就记住春天

记住春天就记住什么是人间温暖

你看，春风已迫不及待

把温暖送到每一个人的心中

永远的丰碑

★

洪文珠

是大地装不下你巨大的奉献或是
天堂更需要你天使般的爱
你用二十二道金光流星般划过人间
这么仓促那么短暂
只留一种指引一种光的去向
我带着一种惆怅一种无法言说的哀愁
寻找你激情燃烧的岁月
你是天上最闪烁的星星
所有的光都为照亮别人
所有的热只为温暖人间
“活着就是为了使别人生活得好”

“多帮助人民做点好事

就是我最大的快乐和幸福”

你这样说也这样做

你将生命抒写成分分秒秒的帮助

你将满腔热情随时随地付出

你将二十二岁的生命铿锵成一句伟人的声音

“向雷锋同志”学习

哦，你并没有走远

你永远活着

活成永远屹立的丰碑

活成华夏大地的精神家园

活成引领时代的伟大精神

活成中华民族生生不息的希望

2021年12月2日

关于雷锋的话题

★

张庆和

一

有谁的名字

会像他那样

如春天的风

吹遍神州大地的角角落落

然后

又叩开一扇扇心灵之门

走进去　安家落户

把那里的冰霜融化

把那里的杂草剔除

把那里的花朵唤醒

再播下一颗颗饱满的种子

生根　发芽　长叶

长成平地上的巍峨

长成荒漠里的碧绿

长成

祖国大花园里

一道美好　靓嫣的风景

二

一种精神

有如一颗耀眼的星辰

凭着崇高而平凡的魅力

被粉丝们喜爱

寻觅　拥戴　追随

并且踏着他的脚印

六十年不停不歇

不离　不舍

把险山恶水踩在脚下

把狂风巨浪甩在身后

让道路一寸寸延伸

无论晴天雨日

还是阴霾弥漫

那一缕明亮总在心中闪耀

三

可靠的在身边

可信的在心里

雷锋　就是这样一个人

他是坚定的山

不可撼动

他是壮硕的树

四季常青

他的名字是文明符号

他的精神是优良基因

被春天粘贴

被仲夏转载

被金秋复制

被寒冬检索

要是有进城赶考的机会

他就是全科状元

四

雷锋的出现

是时代的骄傲

雷锋的价值

是无价珍宝

如天上三宝：日月星

如地上三宝：水火风

如人身三宝：精气神

我曾经想

我们的生活如果没有雷锋

文明的花朵谁去浇灌

真善美的种子谁来播种

那跌倒的老人谁去搀扶

那疼痛的心灵谁来抚平

还有

那风风雨雨的日子

那坑坑洼洼的道路

以及　那呼救的孩子

那期待让座的孕妇

那试图挣脱贫困的芸芸众生

所以　我不敢想

也不能想

在我们身边

在我们心中

我们　五彩缤纷的日子里

如果没有雷锋

雷锋，我想和你聊聊

★

刘国震

今夜，好想和你聊聊，
有 QQ 号吗？雷锋。

金光大道上风雨兼程，
方向盘把得娴熟精通，
键盘你可能有些生疏，
请开启语音会话功能。

三十多年前我唤你叔叔，
如呼唤一个民族的图腾，
温暖了一个国度的，

是你英俊憨厚的笑脸；
嘹亮了一个时代的，
是《学习雷锋好榜样》的歌声。

你走的那年才二十二岁，
那个年代露珠般晶莹。
一个翻身农民在写《艳阳天》，
艳阳高照，时代的楷模应运而生。

那个年代据说很穷，
是什么造就了精神富翁？
如今，有些人已经腰缠万贯，
为什么整日狗苟蝇营？

你当年做过许多好事，
赢得千秋万代美名。
你做的好事我今天去做，
有时换来的却是受骗挨坑！

我虽然不肯醉生梦死，

忧郁中却也多喝了几盅……

今夜，好想和你聊聊，

有 QQ 号吗？雷锋！

2010 年 3 月 6 日

（原载《北京日报》2013 年 1 月 17 日）

集　结
——写给雷锋团

★

王德兴

就这么挺拔地站着，有序地排着
犹如一棵棵精心修剪过的树
从春天的青葱出发
带着对土地的深情和家园的感恩
蔚然成参天的繁茂
从此，一个民族崛起的背影
便有了雄峙的习性与伟岸

就这么义无返顾地流着，动情地唱着
犹如一条条奔腾不息的江河

用最激荡的胸怀践行最朴素的念想
滋润与奉献，构成远航的全部
从此，匍匐的愿景便有了海洋般的广阔
起初的渔舟唱晚终升级为国际性的立体交响

就这么风雨兼程地奔着，跑着
犹如千万匹游牧在草原上的骏马
用急促的蹄音和不断的嘶鸣
追逐辽阔的雄心，捡拾征战的血性
于狂飙式的踏进中，加速完成
由冷兵器到机械化再到信息化的嬗变

就这么不停地烧着，炼着
犹如要铸造一柄削铁如泥的青锋
先用星星之火再用燎原烈火——熔化积弊
再借助七经真火的弧光——引燃转型的引信
用日月重锤交替煅打，从而铸造出
当惊世界殊的倚天长剑……

关于雷锋

★

董恒波

一

你如果活着，

已经是耄耋老人

与你同龄的伙伴

或许已有人悄悄离世

唯有你

将生命定格在

二十二岁的芳华青春

在抚顺

有你的恢宏庄严的纪念馆

而你的形象

早已深扎在全国人民的心

听——

风儿在望花区的

在林涛穿行低语

仿佛在悄悄叩问

远行的灵魂——

上下五千年

纵横八万里

有哪一个士兵

享有你这般

举国拥戴的盛誉

你双眸里的那一束光芒

暗淡了

多少古代帝王

威虎将军

二

当年
你是从湖南的一个乡村
来到了东北
招工参军
最后在这儿长眠
你的足迹踏遍
辽阳鞍山沈阳抚顺
但是今天
在辽阔的神州大地上
只要有路的地方
就会有你的脚印
只要有人群的地方
就会有你的声音
无论是谁
只要做了好事
都会联想到你的名字
只要遇了好人
也都是因为你的缘分

“我的名字叫雷锋”

这样的称谓

有老人妇女和孩子

“你就叫我雷锋吧！”

这样的呼唤

有干部工人和农民

只要有爱和温暖的地方

就会有你

你的名字胜过所有的魔法

坎坷化作坦途

寒冰化为春水

黄昏也能变成美丽的早晨

三

你个子不高

却是一个大写的人

扶老大娘过马路

帮大嫂买火车票

细微琐事折射

闪光精神

所以你的形象注定

高过泰山昆仑

你用双肩挺起的

是华夏民族的脊梁

你用双手传递的

是怎样做人如何报恩

你当年驾驶的汽车

依然在前进

你双手紧握着的方向盘

引领的

是整个社会

道德与风尚的车轮

瞧

多少人在你留下的日记前驻步

人们会发现

日记本上那淡蓝色字体

真的比大海要深

四

啊，雷锋

你的生命

虽短暂

却与山川共在

与日月长存

啊，雷锋

你现在哪里

你已化作了星辰

照亮了一个民族复兴的梦想

你已化作了春风

吹开了长城内外

亿万个心灵的大门

坚持文化自信

传承优良基因

雷锋啊

你的名字

早已不仅仅属于你自己了

它变成爱国奉献

和敬业的象征符号

更代表着

一代代华夏儿女的

使命担当

与崇高的责任

看见万千个您的身影

★

王永武

一滴水落入大海

掀不起惊涛骇浪

却能让自己永远不会干涸

不竭的信念向外泛起涟漪

众多的水滴汇成爱的海洋

白衣天使面颊上的汗水

康复患者眼睛里的泪滴

每滴水都闪动您的身影

升腾化成春雨滋润大地

一线光射向天空

亮不透黑暗夜幕

却能让自己燃起重生希望

不灭的意志向内团结聚力

众多的火苗燃起燎原之势

钟南山眼角放射的坚毅

雷神山速度折射的豪情

每束光都闪动您的身影

火焰燃烧云彩映红天空

一颗钉嵌入方寸

支不起摩天大厦

却能让自己永远不会生锈

不变的坚守扩散感触心灵

众多的铁钉炼成心的磐石

最美逆行者铿锵的步履

社区志愿者挥洒的手臂

每颗钉都闪动您的身影

守护着安全健康的净土

一粒米落入口腹

解不了饥肠辘辘

却能让自己发芽成为庄禾

繁衍的力量向下扎根成长

众多的种籽染绿无垠原野

对口支援省市的人民群众

无私捐献钱物的胞泽兄弟

每粒米都闪动您的身影

营建起高尚的精神高地

天上有颗璀璨的星

★

宋承志

天上有颗璀璨的星

一只翱翔太空的七彩凤

忘不了你的音容笑貌

那是战友的久别重逢

多少年了，你像一根荆条

时时鞭策我的心灵

你像一面镜子

洞穿我心室的阴影

你以烛火般诗意的燃烧

点亮峥嵘岁月的纯净

即使，你是一根小草
也要把根须扎进石缝
你是一个石块
也要砌入疯长的楼层
你是一粒种子
也要迎接春天的播种
你是一只大雁
也要加入迁徙的阵容
你是炼钢炉前
挥汗如雨的巧匠能工

天上有指引方向的北斗
也有燃烧坠落的流星
地上有瞬间崩塌的大厦
也有傲然屹立的奇峰
如今，在生活的田园里
也许有杂草丛生
在生长的枝条上
也许嫁接有毒的青藤
在丰收的果实里

也许隐藏着蠕动的蠹虫

在扬帆远航的海面上

也许还有暗流汹涌

洁身自爱要除锈啊

做一颗闪闪发亮的螺丝钉

进军的号角早已吹响

时代的列车正在轰鸣

机器部件各司其职

处处应有我们的倩影

燃烧的火箭腾空起

有你有我的一份热能

今天一条高速路

明天一座航天城

万丈高楼拔地起

百米基石巍然不动

这是大地向阳光的承诺

无愧你在九天之上的叮咛

神州大地风雷起

不忘初心中国梦

你的名字，永远焊在我的眉心*

东　来

一切都会被淘汰、改变和删改
但是，向上、向前、向善的印迹
不应被涂抹、易容和冲洗
雷锋，就是这样不能污损的符号

许多诋毁、轻蔑与误读
认不清雾霾为何会置人于死地
心灵为何需要纯净的呼吸

---

* 原载2019年第8期《解放军文艺》，收入春风文艺出版社2021年出版的诗集《掠过弹孔的风音》

路遇太多的自私与丑恶
春暖花开、和风细雨、救人于困顿
这样的善意释放，才是生命所需

谁不喜欢真善美呢，当污泥沉渣四起
我们大声疾呼：雷锋，你在哪里？

其实我们一直在找你
一切怀旧与追思，从足下开始：
心存敬畏，择善从之
胸有大爱，见弱扶之
如此，你就是雷锋，就是好人
你的名字，应牢牢焊在我的眉心

一个人的生命能走多远

★

张笃德

一个人的生命能走多远
名字嵌入汉白玉　花岗岩
音容笑貌铸成金色的雕像
传颂不息的故事绘成画卷印进书里
常青的松柏越来越深情地思恋

一个人的生命能走多远　从湖南简家塘
到抚顺雷锋纪念馆　两点一线的距离
被你走得生动　丰富　激情昂扬
二十二岁的生命放射出无尽的能量
一己小我中走出了无限与蔚蓝

一个人的生命能走多远　黎明
太阳陪伴你启程　身心溢满阳光
傍晚　你披霞彩入眠　梦里穿越春夏秋冬
风霜雨雪都阻挡不了思想的跨越
信念和理想横亘时间和空间

一个人的生命能走多远
日记和照片告诉我　你正走在路上
人群里　大地上　把亲情和爱意尽情播撒
无私和奉献能走多远你就走多远
博爱和真诚能走多远你就走多远

一个人的生命能走多远
高耸的纪念碑刺破苍穹
黑色大理石——大地上最悲情的花瓣
衬托昂首阔步的你　与蓝天白云为伍
雷声响彻长空　锋芒光耀宇寰

一个人的生命能走多远
领袖们饱蘸情感的题词　墨迹还没有风干

你在人们的视线里一直延伸　永不模糊　中断

像呼啸的时代载着思念和期盼　不停地飞奔

你不朽的魂魄如旌旗　摇曳于大地　曼舞于云天

一个人的生命能走多远　二十二年五十年一百年……

你走　我们跟随你走　风雨兼程

走过晨钟暮鼓　走向花期　走向艳阳

微笑能走多远你就能走多远

春天能走多远你就能走多远

你一路走来

★

邢海珍

共和国的天穹以及门楣之上
星辰和钻石的品质不断发言
所以你无须一句多余的话
生命只在诗的深度里做一次远望
看你雷锋的名字　一路走来

低矮而辽阔的大地上有山峰隆起
你目光的闪电
瞬间便穿越了暮色　痛苦和忧伤
在未来的晨曦中
把浑浊的泪水提纯为旱季的甘霖

精神的年轮不断地扩展着

为漫长的生长期收藏悲悯和良知

于是我们灵魂的雨季绿叶葱茏

你的高枝上已开出了无数朵鲜花

布置在大时代必经的街口

看你的名字　一路走来

雷锋式的笑脸

★

汤　炀

当我在耄耋之年
来到朝气蓬勃的
少先队员中间
忽然感到
那条鲜艳的红领巾
再也衬托不出
我当年的容颜

可当我伸手
把雷锋中队的锦旗
献给他们的时候

又忽然醒悟

只要你胸中还充满阳光

就能自然流露出那

雷锋式的笑脸

雷锋的锋

★

白晓明

名字如雷贯耳

响彻着超越时代的聆听

英名擎天

在日月间刻写光明

铿锵璀璨

雷锋的锋

是伟人笔锋的锋

不朽的题词

字字金光

句句滚烫

在一首歌里

成为凝铸经典的传唱

雷锋的锋

也是山峰的峰

在高尚之巅

打开云遮雾绕

用仰望之光

闪烁核心价值观的耀眼

雷锋的锋

也是蜜蜂的蜂

因为高尚

酿造了大爱的甜蜜

演绎多彩的飞舞

滋养着互帮互助的深意

雷锋，你的名字在春天

呼唤大地

万物生机

开出的鲜花无比艳丽

簇拥着一代代先锋

以雷锋的名义

把好事做得顶天立地

雷锋，我们前行的动力

★

程云海

一张青春的笑脸
定格在二十二岁的年华
那是用真诚书写的履历

让无数个日子动容
我们记住的湖南口音
回响在北国雪乡

伟人发出的号召
从塞北到南疆
已生根发芽枝繁叶茂

诵读着你的日记
我们记住了关于生命的意义
再繁衍成华夏大地上的春草
生生不息

一个平凡的日子
从此有了深刻的意蕴
在英雄的故乡
一代代人正接力

无须用口号去粉饰什么
榜样的力量就是座右铭
唱着那首动情的山歌
我们迎接着一个个春天

三月的春风

★

王志平

迎着三月的春风

我们扛起铁锹、扫帚，

我们带上锤子、铁钉。

我们走向街路、广场，

走向学校的教室、餐厅。

用抹布诠释清洁和卫生，

用螺钉拧紧节约和文明。

用一分一秒的时间，

用一点一滴的材料，

把心中的夙愿铸成。

为了领袖的嘱托，

为了共和国的光荣，

我们沿着一个人的足迹前行。

他是一名普通战士，

他的名字叫雷锋。

阅读英雄生平

★

蔡　斌

许多年前　中国的阳光灿烂

芳香最浓处

毛泽东和他那些伟大的战友

合上这些饱含泪水与微笑的故事后

开始用潮湿的双眼

久久地凝视着远方

远方　那位矮个子士兵

戛然停下一个民族最动人的歌唱

长久以来　这位永远二十二岁的兄长

他的品德　行为　思想

像高尔基笔下的海燕

翱翔在我们的枪尖之上

以金质的歌声与我们做伴

以矫健的身姿指给我们航向

通过这个真实的生命

我们认识了铺天的乌云　排山的恶浪

认识了闪亮的生活　珍贵的阳光

并自然地萌生出许多

对母亲深厚的感恩意识

对社会奉献的赤诚愿望

就这样不知不觉

我们走进英雄的故事里

续写英雄没来得及写下的篇章

每次打开这些故事

我们都能真切地感到

扑面而来的

是那股生命的清奇之香

（《解放军报》1995 年 12 月 12 日）

系红领巾的那个孩子

王立春

雷锋叔叔，真可惜，
给你系红领巾的那个孩子，
不是我。
虽然我也会敬漂亮的队礼，
也能让你的胸前盛开彤红的花朵。

我多么想那个少年就是我，
那样，我就跑到校门口去等你，
等你拉着我的手，
听你亲切地诉说。
我们一起修理工具，

扫干净校园的每一个角落。
然后你拉响手风琴，
用你的湖南口音和我们一起唱歌。
我们向日葵一样围在你身边，
感受你太阳般的火热。

我多么想那个少年就是我，
我会把一个秘密给你说破：
在那个八月的上午，
你能不能不去汽车旁，
能不能躲过那场飞来的横祸？
我不想让你二十二岁的生命终止，
保护你是我神圣的职责。

其实，雷锋叔叔啊，
给你系红领巾的孩子，
不是别人，
那就是我。
我是围在你身边的，
成千上万少年中的一个。

你高尚的品格早已映红队旗，
你无私的奉献早已谱成队歌。
你映红了我的面颊，
你点燃了我的理想之火。
向你致以崇高敬礼的，雷锋叔叔
那就是我！
传承雷锋精神的，不是别人啊，
那就是我！

永远的雷锋班

★

伍小华

在部队里，一个班，用一个人的名字去命名
是多么特殊和荣幸

很好啊，我的祖国
一个普通但不平凡的人未尽的夙愿
用一个班去完成
而这个班，正是从他倒下去的地方
站起来的力量

那力量
就是那名字全部的内涵和外延

信　念

——致雷锋

★

刘福君

你的名字是种子，
从我记事起，
就播进了我的心田，
并生根发芽……

深远的夜晚，
我仰头与俯首的寻找中，
是你点亮了那数不清的
群星与繁灯吗？

树木与飞鸟，高山和河流，
都是我的乡亲。
而一生一世做一个好人，
是你给我的信念和底气！

有一天母亲从外面回来，夸我：
“好小子，有火炭一样的心！”
我那个瞬间的感觉，像在夸你……

三月五日，我们的心灵春暖花开

★

李晓泉

拥抱这一天！用春光装点这一天！
以暖风洗面，用花朵诠释微笑，激动握住心跳
滚烫的心房没有阴影，一首嘹亮的歌竖起生命的榜样
这一天平凡而伟大，成为岁月永久的丰碑
这一天，时间有了短暂的停顿、回眸、凝思
阳光照彻心灵，泉水洗涤了我们的一言一行
钉子的精神闪闪发光，这一天啊！是从艰苦岁月
走过来的他，穿着小草一样的绿军装
给我们上了生动一课，一幕幕的无私奉献的插图
是血珠儿凝结成的一本厚厚日记，足够我们
品读一生……

这一天，浓缩了他年轻而伟大的一生

浓缩了世间真善美，浓缩了他的爱憎分明

系红领巾的孩子在清理街道，农民们

在心田撒下缅怀的种子，工厂的齿轮

像心与心啮合，那么多手伸向了困苦和贫穷

这一天不留下署名，这一天的分分秒秒

都涌动泪光的感动和恩情，这一天喂养了

善良和爱，这一天握紧了信念，满身汗水

民族的脊梁上冉冉升起饱满的日出

这一天，辽阔的黄土地上我们捧起一粒金子

穿越厚厚历史，悠悠岁月，依旧

金光闪闪，这是一朵精神的力量，永不

凋零的花儿……

向一颗无比纯净的心灵致敬

★

翟营文

他的心灵是纯净的，纯净得
能放下任何美好。天空是晴朗的
青春没有忧伤。日子好像
面前的汽车玻璃，总是精心地
用信念擦拭。把爱放在夏天
去火热的工地流火热的汗水
雨中为亲人撑伞，让滂沱的大雨
洗净思想的灰尘。把憎放在冬天
用雪的洁白掩埋旧时代的肮脏

他一直在去往春天的路上

点点滴滴的美德是沿途的花朵

微笑和热情是翅膀，鸟儿的歌唱

藏着多少向往

他的日记中有最纯净的泉水

让路上疲惫的心灵干渴的灵魂

瞬间绿意葱茏，每一个路上的人

看到他亲切的微笑

也就看到了春天的样子

想起雷锋

赵　霞

每当我看见绿叶　就蓦然会
想起你　你那无处不在的笑容
仿佛是迷雾中闪烁的星光
茫茫视野里久久追寻的倩影
可是　我好像每天都视而不见

多少年了　你就像个不停奔跑的
精灵　睁着那一双清纯的眼眸
注视着你熟悉而热爱的人间
注视着每一寸光亮和黑暗
仿佛要寻找的亲人都在梦中

看见绿叶，我也自然想到春天
想起春天里的温暖　想起
那些甜蜜的感动的事物　也想起
住在绿叶里的天使　有时会躲在
花朵的下面　遭受无辜的白眼

而你始终是一颗思想的露珠　承接
碧空中的光明　将一粒粒跳动的阳光
折射我　在芸芸众生的绿叶间
完美履行着精神的光合
为发育不良的人们输送营养

如今　常常困扰于心的不安和痛苦
我该怎样把一种叫作理想的
东西磨亮　让它再度锋利
如磁头与光驱　划响　驱动——
低迷的生活光盘　短暂的生命旅程

心　灯

★

张建春

又一次搀扶起摔倒的老人，又一次
护送盲人通过斑马线，又一次
掏出微薄的工资捐出来，又一次面对白眼
擦了擦泪水，再去做下一次
—辈子的下一次全在路上。冷风咬脸
温暖在心中。微小得不能再微小了
做和不做很简单。做了不后悔
不做却让梦一次次醒来，太阳升得迟
黑夜多了漫长。你常在路口，用自己的身体
不高的身体发出剔透的光来，在许多人的面前
提上一盏心灯，大气的，华丽的，风吹不灭

大地上的碑林

★

杨　飞

“这是一个穿越了时空的名字！
不！这是一个仍在行走着的动词……”
双手微颤的父亲，激情燃烧时代的军旅诗人，
（在他的年代曾发表过优美的抒情诗）
有一天，深情地对我说。

纪念册。泛黄。有逝去岁月的气息。
脸颊含笑，单纯，满足，仿佛要透出声音。
“他和我一样。”那一年，我二十二岁。
“一个行走着的动词。”我默默地想——

"他不懂得我这个时代流行的歌舞和一切，
然而，这并不构成距离；作为一名诗人，
他有着贴近大地和人心的质朴的语言，
（这不正是我在苦苦追求的吗？）
生命有限，却写下过青春的诗行……"

"那时啊，我也是一名军人……"
父亲陷入回忆。"名字的主人离世二十年后，
我去了那里。抚顺，一座城自有她的精神史。
一个人用流星的一生，将自己
站立成那片热土上的一片碑林！"

我还记得，那是春天的下午，阳光灿烂，
整理旧物的父亲，和畅想未来的我。
那是一位老诗人与一位新诗人在交谈。
我们共读一张诗意饱满的旧照片。

那确是个诗意盎然的时刻呀——
我们都没提及照片上的逝者，
（那一年我也二十二岁，在他挥手话别的年龄）

笑意盎然的脸庞，带着泥土气息的诗，
没有提到那顶可爱的旧式军帽，
以及那仍泛着温热光芒的军徽。

“一个人，将自己站立成了一片碑林。”
今天，我只记下了父亲的这句诗。
把它抄在了这个全新时代的洁白稿纸上。
读者们——请大声跟我诵读，请默默地
将至善、至真、至美的诗意传承……

高过天空，低于大地

★

高文献

很多人想起你
都会把目光投向天空
仿佛那儿，才有你的光辉
是啊，
天空晴朗，阳光明媚，多像
你真诚的笑容，敞开的心扉

很多人想起你
都会蹲下来，用手
轻轻抚摸大地
仿佛你的余温

还在那儿，并未散去
当年，你把爱捧得那么
平易近人
你高大的灵魂
却蹲得比大地还低
连三岁的孩子，都可以
快乐地亲亲你的帽徽
摸摸你的耳垂

你蹲下来
蹲得那么朴实，却又那么优美
你蹲下来
就是为了更好地扛起
一个好人的责任

高过天空，低于大地
你是一座道德的丰碑
你是一棵永远不倒的大树
因为，你的根连着善良、正义
连着人民的心

你的头高昂在天空

时刻把阳光吮吸

高过天空，低于大地

你用短暂的一生

在这无字丰碑上写下了

一个人，活着的真正意义

雷锋叔叔

★

邢剑君

多么优秀

一位写入共和国丰碑的年轻军人

那一年，你的车开出抚顺

一路奔驰，以道德和良心为路标

一直开进整个国人的心怀

沿着你的车轮，是宽阔的道路

而你二十二岁的青春

闪耀在一本本教科书中

让我们和我们的后代，一遍遍复读

我们曾喊着“雷锋叔叔”

心头充满敬意和崇拜
我们的后代喊着“雷锋叔叔”
心头便长出鲜花和雨露
雷锋，你打开身体里的阳光
给予我们所有的温暖
打开你心头的春天
给予了我们一生的芬芳

你创造了爱与幸福
却站在幸福的外围
我一次次看到你将自己伐倒，做了梯子
让我们登上人心温暖的平台
在三月，我真诚地仰望你的背影
浩荡春风，一次次吹散我心头的落叶与灰尘

你又是多好的一位铁匠啊
锻打了不朽灵魂，你轻轻地走了
道德还坚实地守着

重读《雷锋日记》

★

宁　明

你的日记是我最早读到的德育课本
你的字体像军姿一样很工整
你的语言像土地一样很朴实
工整的字体和朴实的语言
常令我思索一道怎样做人的命题

岁月渐渐老去，而你永远年轻
当我的女儿已长大到不再喊你叔叔时

我竟然还没来得及准备好
该怎样回答她小时候

关于你为何爱穿补丁袜子的提问

我也很想知道

有一次，当我把不慎摔倒的孩子轻轻扶起

抬起头来时，看到的竟然是一双

年轻漂亮却又冷漠、充满怀疑的眼睛

此时，我该以怎样的心情

来劝慰她，收回这种目光对善意的刺伤

我还想知道

当女儿打车把一位胸前挂着门牌号的老大娘

送到她要找回的门口时

她戴眼镜的儿子为何一言不发

却转身递出了两张“感谢”的钞票

今天，我再次与你逐字逐句地交谈

使我又找回了一种久违的亲切

你讲的每一句朴素的话

都令我的心，萌生出深深的感慨

重读你的日记

使我顿悟了一个道理

世上最复杂的命题

往往会有一个最单纯的答案

毛泽东和雷锋

祁念曾

告别昨夜的满天繁星，
迎来今晨的旭日东升，
我把两个伟大的名字写在一起，
毛泽东——雷锋！
你们都来自湖南那片热土，
你们都走过农家的田埂，
你们的军衣上都有仆仆风尘，
你们的帽子上都有闪闪红星，
你们的心中都有两个字——人民，
你们的肩上都有一副担——使命！
虽然相隔了半个世纪，

但胸中早已血脉相通，
全心全意为人民服务，
铸造了你们不朽的魂灵，
从张思德的墓碑前出发，
到炮火硝烟的上甘岭，
每一次呼吸都连着人民的希望，
每一声呐喊都牵动祖国的神经！
给受灾的乡亲送去粮食蔬菜，
送奔波的老大娘走上回家的路程，
在贫穷的土地上种出绿色森林，
在漫漫的沙丘上打出一口口油井，
伟大领袖挥笔题辞——
向雷锋同志学习！
神州大地泛起浩荡春风，
从车窗上一尘不染的明镜，
到工地上直上云天的楼层，
从南海边改革开放的洪流，
到黄浦江汹涌澎湃的涛声，
从白洋淀盛开的朵朵荷花，
到神舟飞船飞上浩瀚太空，

哪里没有毛泽东的呼唤，
何处没有雷锋的身影？
啊！毛泽东——雷锋，
早已化作了万里长虹，
啊！雷锋——毛泽东，
光辉思想融入亿万人的心灵！
毛泽东思想光照千秋，
雷锋精神代代传颂，
铸成我们中华民族的钢铁长城！

作于2021年12月16日凌晨

草绿色的微笑

★

王立明

太阳以鲜明的意象
重新标示出共和国的高度
季节的来路上
便有水声桨声波及万物
许多虚掩的门扉为之洞开
许多假设的城垣为之颓倒
那首晶亮亮的歌
流出空间和时间的页岩

真实该多好
就像那位小个子翘起脚尖

摘下一个艰苦的天职

道路就在他草绿色微笑里

平平凡凡地盘旋

有如一颗小小螺丝

在躯体上一扣一扣坚固

在精神中一程一程深邃

就像砖一层一层垒向蓝天

就像补丁一针一针衲到子夜

真实该多好

就像他的忧思一样美丽

或是小小的月饼

或是一张张纸币

让人间多一份饱暖

使生活少一个灾区

纵有太多心愿来不及纷谢

他留下的

已是盛开的全部

回顾与展望

都是呼唤一种到来

有限与无限

都是证明一种存在

趁这生活的墒情正好

我们把腰躬得低一点

捡走城市的一块纸屑

拔去乡村的一株稗草

这样行走的方式

是完成爱的唯一理由

在新世纪更深一些的地方

仍会看到那位小个子兵

与那些大个子领袖走在一起

还是以那草绿色微笑

暖透这黄肤色的土地

2012 年 10 月 9 日

永远的雷锋

★

李中贤

永远的雷锋

助人为乐的榜样

巍巍精神丰碑

耸立云天之上

青春雷锋

一尊不朽雕像

大写的人字

一个时代的辉煌

毛主席题词

点燃文明之光

永远的雷锋

活在人民心上

远去的雷锋

总是深情回望

昼夜兼程

回归生前故乡

人民人民啊

让我为你服务吧

长久的牵挂

不觉热泪盈眶

永远永远的雷锋

丰碑耸立云天之上

——云天之上……

在这崭新的时代

雷锋精神依然闪光

在题词落笔的地方

追赶榜样的交响乐

激越地奏响

雷锋的笑容

王迩宾

春天　原来可以从这笑容中
开始　原来水稻　房屋　农具也会微笑
新衣服　新书包　新红领巾
都会微笑
大地的缤纷　仿佛
就是他的微笑播撒后
粲然开放的一片花海啊

在此之前　这笑容是一团
握紧了拳头的花蕾
在野枝上

寒风一鞭一鞭的吹
五位亲人都已这样
枯萎离去
没人在意
这笑容在春天到来时的
热烈的绽放
可是那一时刻　阳光和煦
空气清新　蓝天清湛

从那一刻起　这笑容
在学校　在工地　在军营里
开始了春天的领跑
从那一刻起　这笑容
也成为了一个时代
最流行的词汇
诗人说　那是雷锋之歌
在吟咏中国的三月
英雄们说　它无处不在
无时不有
它以干净　阳光　温暖　芬芳的含义

与新中国互为比喻

多么美呵　这笑容
像童话一般纯洁
它风吹过　雨淋过　霜打过
依然是那么阳光
青春与快乐

是的　曾有过一段时间
这笑容在我的视线中
渐渐模糊　那些叫小悦悦的花儿
被碾压在与冷漠等速的车轮下
人们听到的
不是一声带血的惨叫
而是嘈杂的街头杳无人迹般的安静
腐败　贪婪伸着长信
伪装成鲜花
在微笑　我不解　我在寻找
像一只小蜂
在花色失调之中

不知哪一朵芬芳属于我

我知道　它并没有离开
在亿万人心中
依然盛开着与二十二岁的青春一样美丽的
花朵　或者说　这笑容
依然飘扬在鲜艳的旗帜上
闪烁在汗水中
写在焦裕禄　王杰
孔繁森　郭明义……
这些春天般的名字里
更多的时候
它保持着平凡与普通的姿态
像一把为人遮雨的小伞
像丢在地上被他捡起来的
一颗螺丝钉
像一篇日记的三言两语那样
微小而且朴实

归来吧且微笑吧

祖国的面容需要这般纯净的传递

因为春天可以从这笑容中

开始　就像一朵花涌动着

另一朵花　用芬芳

融合彼此　用笑容

璀璨大地

站在雷锋纪念馆前

★

洪丁生

一

南方的刺桐开了

一些事物热烈而奔放

布谷叫一遍

地上的草长半分

童谣中的红灯笼

会不会变成小星星呢?

怀揣着梦想，爱

和过冬的火焰

成群的蝴蝶

正穿过爱情的门洞

二

你应该

成为一个女人的丈夫

和她去举案齐眉

月色渐渐地丰满

将折叠的光明

一一打开

而那忧郁的神秘的女子

将被真相哄瞒一生

坐在生活的磨子上

怀满了莫名的伤痛

三

如果时光允许
你将继续在这座城市里生活
三十年？四十年？五十年？
劈柴，买菜，洒扫院子
用一把玫瑰接住满天星光

你也许回到故乡
种瓜，锄豆，弄孙为乐
哪天在长沙的街头
或岳麓山脚下
我们走着走着就不期而遇了
你说“活着真好
没有比生命更高贵更神圣的事情”

四

活着，多么温暖

穿上虔诚的鞋子

到尘世里走一走

和心爱的人一起

把爱情贴满窗户

五

你永远是那快乐的报春鸟

在我的回眸间

用一支牧歌

把时光赶入幸福的怀抱

河流的触角伸入了林子

阳光正将春天

印在古朴的大地上

面对雷锋

★

马宝山

应该以一个干净的心灵，面对一个干净的
心灵。就像接待尊贵的宾客，不打扫庭除
和换上清洁漂亮的衣服，心里就觉得不是滋味
我是回族人，从小生活在信奉伊斯兰教的家庭
我想到了本民族的传统礼仪沐浴，潺潺的、圣洁的
流水从头到脚流下来，也流进了心灵的深处
此时，我觉得只有虔诚地洗涤内心的污浊，才有资格
和你面对。这不是寻常的吟诗作赋、抒情遣兴
这是灵魂面对灵魂，要以真诚面对真诚
啊，雷锋

我们是同龄人

这是我们的骄傲也是幸福。那时我们通常说

你是旗帜，是标杆，是镜子；当然，所有这些比喻

今天看来都似乎变得平淡，像我们当时的

衣着一样简单、朴素；甚至有些机械，有血有肉的

人，怎么要变成有一定规制齿轮和螺丝钉呢

但是，请想一想吧，能让人从平庸琐碎

到高贵和纯洁，这是多么美丽的事情。小学生写错了字

要用橡皮擦去，那时我们做错了事，或者思想里

有了什么不好的东西，《雷锋日记》的三言五语

就是一块管用的橡皮，用它轻轻地一擦，还给我们的

就是一杯干净得水一样澄澈的清明。和我差不多年龄的弟兄们

都想一想吧，在我们比早晨的空气还清新的青春岁月

在我们像向日葵一样渴望吸收阳光，让自己的骨头里

有更多的钙质，臂膀的肌肉更为坚实，好来有力地拥抱

这个新世界的时候，雷锋震撼了我们的视野

是的，在他从容远去的背影里，没有战火也没有硝烟

没有伟岸的山峦，也没有大海的涛声，是和我们一样的

土地长出的禾苗，一样的窝里孵出的幼雏；他为什么能这样

为什么自己却不能！那时候我们不光为失恋失眠

还为自己不能像雷锋那样美好起来失眠

这样的情形人类的历史上有吗？但这确确实实是

发生在祖国土地上的真实的事情

我的眼睛湿润了；啊，旗帜、标杆、镜子的比喻

一点也不虚妄，其熨帖和确切得丝丝入扣

真能比得上螺丝帽与螺丝钉

是的，我们这一代更多的人没有张扬出什么个性

但雷锋，有你这样一个杰出的代表就足够了

从猿到人，从动物性到人性，有多少超越、飞翔

古今中外圣哲的典籍汗牛充栋，而最为璀璨

最为精粹的，不过是一个人字，大写的人字：是翱翔于

天际的雄鹰，还是匍匐于地的爬行动物，没有骨头，血是冷的

是僵冷宇宙中无比奇异的灵智的芬芳馥郁的花朵

还是贴着地球的头皮寄生的虮虱、跳蚤一类的腌臜和

肮脏

对此，你做出了回答，不是用语言而是用行动，不是僵硬的
形式逻辑的三段式推理，而是来自温暖我们千年的“知与行”
是一个脚窝一个脚窝的清晰足迹，是一滴汗一滴血真实的生命

六十年过去了。我们老了，但让我们欣慰也让我们幸福的是
我们一直跟随你，都做了文明和道德的播种人。我们共同播下的
种子，一年又一年，长出了小草，长出了小树，也长成森林
那上面飘拂着少先队红领巾一样灿烂的绿丝带、红丝带、黄丝带
以及绯红、橘黄，等等。这是航行在二十一世纪“中国梦”的
海洋里，每一个年轻的水兵的头盔和海魂衫上的鲜明标记

它向世人昭示，这支奔向明天的中国舰队，他的名字叫雷锋

承载的不只是富裕和繁华，还有道德，普世人们都需要的道德

这自然会让人们想起当年那从“中国梦”的那个轴心里

启碇的那艘巨轮。啊，二十一世纪，中国的世纪

始终坚毅地微笑着

★

郭宗忠

当三月春风弥漫高远
伟人们相继为一个战士挥毫
书写一个时代的丰碑
一个时代的坚定和坚持
一个时代的理想和道德

南方的小个子雷锋
始终坚毅地微笑着
在北方的风雨和风雪里
让迷途的孩子回到了家
让迷失的信任回到心灵

一个温暖的时代是幸福的

你的微笑是从心里长出来的

走在路上到处是阳光

来自心里的阳光

照亮了每一条无助的路

扶老携幼　助人为乐

好久没有听到这些再平常不过的词了

这些陪孩子们长大的记忆

这些伴老人们一路走好的温馨

让我们此刻怀念起雷锋　愧疚

一个没有雷锋的时代

用什么表达大众的精神

我们都在呼唤：雷锋

我们更应该扪问自己的灵魂

期　许

★

牛金香

你走了

离我们的心更近了

你倒下了

留给后人的背影更高大了

风衔着你的故事　走家串巷

惋惜和泪水浸透了 1962 年的夏季

人们满怀悲痛和敬仰

在不同地区复印出千万个你

尽管渺小　如一滴水之于浩瀚的江海

如一片叶子之于满目的春天碧绿

你深情地注视　缄默无言

浅浅的笑容　含着期许

你不需要高声地赞美

更不稀罕英雄的光环

你只是希望每个从身边经过的人

有一刻的沉思

而在下一刻　就成了你

方向盘

王　帆

他倒下时，手没在方向盘上
他把眼球、地球、方向盘三个圆
连在一条线上
当他从校园中走出
当他从暴风雨中归来
当他走进银行
当他缝好一件战友的军装
当他推起手推车
他就在方向盘上刻好春夏秋冬几个字

飞机的矢量喷口、船舶的舵

鸟的翅膀、盲人的拐棍
它们在向前时做足了文章
不撞南墙不回头的人
在他头破血流时他还认为不该有墙

他的视线在方向盘前面的时候
一块比云彩还薄的重量会很快逃掉
他的手和方向盘没留下缝隙
就像六个轮胎咬紧路面
而留下的那两道车辙
和后面上来的车辆有关
他的手不会再去握那个方向盘
想他的时候只好去找那两道车辙
或者到方向盘上找找他的指纹

一支难忘的歌

★

齐世明

有一支歌
在我胸腔里孕育了很久
也许早春的风忽左忽右
它没能飞出我的歌喉

一个黎明又一个黎明
我在十字街头寻觅这支歌的流韵
一面面旗帜在春风里抖擞
给了我一个个鲜活的感受……

我知道，这支歌的曲调

已在千百万人的胸腔引起共鸣
走过一段段曲折的山径
都盼着在宽广的原野一声长吼!

而这支歌的歌词
正在一副副赤子的热肠间渐渐清晰
经过时代过滤器的严格筛选
一切青春的呼唤都不会“退休”!

经过多少耿耿难眠之夜啊
终于盼来了春潮在歌山风在和的时候
你我他纵情唱着这首歌
踏着那闪光的足迹向前走……

想起你

★

李秀文

日子很温暖
就像一个碧绿的春天
盛开在心间

虔诚翻开
你丰富的人生
在螺丝钉的精神里
情感捧起枚枚闪光的格言
一遍遍诵读
一次次默念
思绪啊

如沐浴清澈的山泉

走过缤纷

你经典的笑颜

静静地滋润我

化有限为无限

六十年后的今天

★

冯金彦

一个人

用无私奉献做布料

为中国

做了一件衣服

一件温暖的衣服

让风中的人们

让雨中的人们

感受温暖和力量

一个平凡的人

用拿过钢锹的手

用摸过方向盘的手

用写给生动日记的手

从 1960 年开始

成为一个裁缝

用善良的剪刀

用钉子精神挤和钻的双色线

用爱做纽扣

开始一针一针

精心地缝制

他上下求索

找到了一个合适的尺寸

找到了一个品牌　奉献

他在朴素的衣袋里

装满朴素的思想

装着党、人民

六十年以后的今天

那件衣服依旧崭新

那件衣服依旧温暖

我们仍然能感受那份朴实和善良

我们仍然熟悉那个人的名字

雷锋

不只三月五日，才把你想起

★

董　燕

不是只有今天，才会说到你
不是没了暖阳才会想起你
不是所有的过往都会飘散
不是所有的付出，都需要回报

雷锋，你把无私系于己身
甘于奉献，驱走黑暗和严寒

公交车上，让座的人心中有你
急难险重面前，伸出双手的人心中
有你。你在老人们心中

你在孩童们心中

晴时有你，阴雨时也有

你的精髓无处不在

看到螺丝，就想到你的钉子精神

看到那么多的志愿者

就如同看到了你，英模的足迹

遍布锦绣河堤

啊，雷锋，不只 3 月 5 日

才把你想起

春风的和煦如你

太阳的笑脸如你

哪里有艰苦，哪里就有如你一样

奋斗的身影千万

雷锋，你激励一个个时代

必将感召一个又一个世纪

永远飘扬的旗帜

★

东北浩

我们必从一个时代，找到一些
纯粹的东西，把它沉淀在骨头里
作为留给后人的遗产
比如雷锋这个名字，尽管那个年代
我们穷得只剩下了品格
但我们活得轻松、富有、自信
活得有模有样，活得不虚此行

我们从雷锋这个名字里
提纯钙元素，提纯一个民族生存的哲学

把它放在小学课本里
像一尾鱼，游走于高尚的脉络之中
我发现，在公交车上、在雨天、在街巷
飘扬的红领巾就像红色的信仰
鲜红的颜色让我们看到了江水的流向

拜金者，必猝死于金色的毒瘤
而太阳的光泽，总会在一次次黑夜之后
迸发出黎明的曙光
一个患白血病的小女孩，泪滴多么虔诚
它映射出四面八方的友善和援助
映射出温暖的光辉和生存的力量

雷锋精神，绝不是符号，更不是公式
立交桥上，指路老人的身影
胡同内，擦洗街头小广告的孩子们
乡村小学，那些奉献青春的志愿者
让我看到了，山的脊梁多么巍峨
看到了共和国的颜色，祖国的未来

雷锋哦，你就是一个民族的符号

你就是一枚火炬，光环永耀

接　力

★

胡长荣

我久久地注视着

你

直到我决定

把你传给我的微笑

我要再传给

其他人

让我们唱响那首歌

★

梁延峰

落雪时节

一首歌炭火一样温暖

我们不必拼命抻长记忆的根须

就能触及三月

“像雷锋那样像雷锋那样……”

那首歌

忠诚地荫护着我们身边的春天

那首歌曾经很流行

那首歌流行的时候

天湛蓝，水碧绿

人心纯得透明

街道上

每个人都是盲人的拐杖

每个人都是迷路老人的向导

那个时候，大家都用不到锁

那个时候，遍地开满热情的微笑

那个时候，时令依旧四季轮回

人们的心里，却从来没有冬天

也有一些人走出那首歌

到大海里游泳去了

叫我们经常伤心地从报纸显要处

读到一些有关溺水者的讣告

据说，钱欲权欲色欲滋生的杂藻

是缠死他们灵魂的毒藤

更多的人，例如穿军装的我们

却把那首歌越唱越响，越唱越响

我们唱着歌

分布在街头巷尾

向所有需要帮助的人伸出我们的双手

干些理发、修车、磨刀之类的零活

虽然微不足道

我们却能从路人的一次次回眸中

读出春天的魅力

我们唱着歌

把严冬一节节逼退

把三月留住

我们说，这就够啦

其实，对于我们

当不当歌星无关紧要

只要能把那首歌再度唱红就行啦

“像雷锋那样像雷锋那样……”

朋友们，让我们一起来唱吧

让我们唱着那首歌

为冬日的炉火加一块木炭

想起雷锋

★

刘泽斌

想起雷锋
总叫人想起一种叫雪的东西
洁白而又晶莹
叫人想起堆雪人的童年
想起童年交给警察叔叔的
那枚捡拾的硬币

在冬日的阳光下
我也常常给孩子们
讲起雷锋

讲起童年

讲起那枚硬币

这冬天的童话

温暖了他们

也温暖了自己

想起雷锋

总有一种叫泪的东西

以液态的疼痛泼打我

而那枚揳入肌骨的硬币

总以一种恍若隔世的光芒烛照我

叫人想起雪

想起雪的晶莹与洁白

中国的排头兵

★

陈庆斌

又是风雨彩虹，

又是柳暗花明，

还是当年那颗心哟，

燃烧着不泯的激情。

站在你的塑像前，

整个中国都在向你致敬。

缅怀你光辉的一生，

整个世界都在感动。

你是报春三月一声雷，
你是万重高山一座峰，
你是钢铁队伍开上来，
冲锋在前的排头兵。

轻柔的杨柳啊含露的花，
南来的大雁啊北去的风，
穿过那时间的隧道啊，
岁月给你留下多少剪影。

把自己有限的生命，
投入到无限的为人民服务之中。
一颗赤诚滚烫的心脏哟，
铸成了闪闪发光的螺丝钉。

大爱无疆，你用一针一线，
缝补了那个年代的牵挂，
大义无痕，你用一点一滴，
滋润着那个时代的颗颗心灵。

永远不变的是我们的信仰，
半个世纪，我们和雷锋同行。
改革开放江山处处如画，
雷锋精神是最美丽的风景。

不要说雷锋就是普通一兵，
今天，他就是战将带领我们冲锋。
在新的征途上，
雷锋，永远是中国的排头兵。

关于方向盘

★

吴连友

贫困的岁月　雷锋是最富有的人

富有激情　富有理想

富有追求　富有信念

靠着执着的信仰

靠着心中永不迷向的方向盘

避开了红尘里的曲曲弯弯

越过了世俗中的沟沟坎坎

由一名普通的士兵

成长为伟大的共产主义战士

他的精神

成为中华民族极其宝贵的财富

从昨日　到今天　直到永远

雷锋离开我们六十年了
中国发生了翻天覆地的巨变
我们不再为衣食愁苦
我们不再为住行哀叹
腰包　越来越鼓
生活　五彩斑斓
经济列车前进的铿锵节奏
令世界都为之震撼

但是　一些人富裕之后
对什么似乎不以为然
袜子没穿多久　扔
衣服还没发旧　换
若是有利可图　钻
如果事不关己　看
缺水的心灵逐渐沙漠化
责任和义务意识在头脑中渐渐变淡

其实　我们每个人都宛如一辆汽车

每时每刻都在运转

要想抵达理想目标

一生一世心灵都离不开方向盘

否则　就要跑偏

甚至跌入万丈深渊

我们庆幸　有雷锋驾车开道

我们自省　神经并没有错乱

奔向小康　我们头脑不会发胀

即使中国有朝一日跻身发达国家行列

也要将雷锋精神代代相传

依然在路上

葛宝生

有人说，雷锋在1962年
那个雨季走了，走得太匆忙
然而我总听到
一个年轻士兵的步履更加铿锵
听到那首刻进历史的歌曲
复制出千千万万的榜样
看见那个投射未来的身影
微笑成壮魂暖世的华章

雷锋啊你依然在路上
车轮旋转着

打开清晨的熟睡
触摸正午的阳光
抵近晚霞和月色
正是你日记的全景转存
让生命的分秒
都释放出感恩的光泽
回报的力量

雷锋啊你依然在路上
脚步跋涉着
挥洒工地的汗水
肩起雨夜的行囊
奔赴灾区和校园
正是你四季的立体写真
让崇尚的灵素
贯满郭明义的心房
在人生路上挥洒大爱无疆
一笔笔绘制出奉献的图景
还有催人泪下的诗行

雷锋啊你依然在路上
血液沸腾着
在讲台播种信念
于营房耕耘理想
由党和祖国构成的基因
正是你骨肉里的根脉
让柔性的品格
都生长出钢铁的意志
感动的方向

是啊，你依然在路上
战友接续的战友

乔安山在离开你的日子
始终践行着你的理想
雷锋团的战友们
在继续品读你的每一篇日记
在博客空间里发表读后感想
学生传授的学生
如铺路搭桥宽广人生风光

有了求职面试的回答

干一行爱一行

在商场、医院、银行

每一款服务

也从早春出发，暖透世界

每一声问候

也在内心萌动，点亮忧伤

是啊，你依然在路上

幼儿园的童谣中有你的脉息

敬老院的黄昏下有你的张望

农民工的脚步里有你的祈盼

人代会的手臂上有你的分量

你是网络间无处不在的词汇

你的名字遍布四面八方

是啊，你依然在路上

那辆汽车奔驰着

载满一车的精神食粮

给精神贫瘠的人群以滋养

你在劳碌一天的夜下

写下一天的日记

让诗意在胸中奔涌

字里行间

满卷馨香

是啊，你依然在路上

是因为永远的二十二岁

是因为永远的青春品质

照耀了世界，灿烂了东方

恰如八九点的太阳

又似三月的芬芳

你感人的故事

就是一部长篇电视剧

正连续播放……

雷锋，在今天

★

白　隼

一

只要你来了，只要你在，

一年到头，

都是宜于播种的时候。

二

人们熟悉你的笑容，

热切盼望春燕如期归来。

其实你并没有离开我们，

这些年，一直置身于共和国大步行进的队列。

只是烟雾，

一度迷蒙你的身影。

绚烂的花丛，

也曾被沾湿的泥水弄得斑斑驳驳。

歌唱的河流终要

奔向指定的地域。

我们笑着迎接你，

也请你接纳我们，

作你亲爱的弟兄。

三

我们站在地球顶端，

听远方纷乱的脚步。

渐渐逼近烽火台。

你像一丛奋然开放的鲜花，

滤净空气中

分贝过量的噪声。

四

我们每天都得接受你

微笑的询问。

白荷世界容不下一点灰尘。

跟你在一起，

就会变成火，

就会变成钢；

或者晶莹的露珠，

在神州大地

静静闪亮。

（《人民日报》1990 年 3 月 1 日）

雷锋和春天同行

★

姚业涌

啊，雷锋！

注视你的相片，

——是那样熟悉，

又是那样陌生；

阅读你的故事，

——是那样新奇，

又是那样激动……

是的，是那样熟悉！

当赖宁与烈火搏斗时，

我看到了你的身影；

在红旗列车的车厢里，

我看到了你的笑容；

在劳模大会的讲坛上，

我听到了你的心声……

你又是那样陌生！

你的精神在六十年代诞生，

那时候爸爸妈妈和我一般高，

正当我现在的年龄。

你的精神像滴滴乳汁，

哺育我的父辈，

哺育我的兄长，

哺育一代又一代魂灵！

你几次回到我们中间，

几次有人吹起冷风。

偏见和畸形的观念，

怎能阻遏朝霞东升！

我们歌唱你：雷锋——

光辉的榜样，时代的英雄！

我惊奇，你胜过神话——
团山湖农场成熟的稻穗，
闪耀着你血汗的结晶；
鞍钢工地推土机的履带，
留下你建设的脚印；
你驾驶的汽车发动机中，
有你的心永不疲倦地跳动。
你敦实的身材，
在党的怀抱里力量无穷。
你在为人民服务的无限中，
找到了最壮丽的人生！

我激动，你令我崇敬——
你小小的节约箱，
为我们留下无穷的财富；
你补了又补的军衣，
让我掂出民族的美德！
虽然我有那么多新衣，
可是在祖国大地上，
还有些许贫困的阴影，

艰苦奋斗的法宝，
决不能丢弃在杂草丛中！
你的日记告诉我，
你是怎样地长成——
假如忘记社会责任，
一个人的价值等于零！

啊，雷锋！
一代人有一代人的追求。
一代人有一代人的攀登。
你的道路曲折向前，
一直通向我们的心灵，
通向我们多思的年华，
通向我们人生的黎明。
——闪光的轨迹，
为共和国的历史，
增添无上骄傲和光荣！

当伟大领袖挥笔题词：
“向雷锋同志学习

——毛泽东”……

三月便蕴含新意，

你与春天同行。

啊，只要想起你，

就想起草绿花红；

只要想起春天，

就想起你青春的面容！

你的名字，你的精神，

焕发我们年轻的生命！

当新时代展开

春天的第一个黎明，

我们向你发出邀请——

请你当我们的校外辅导员，

佩戴鲜艳的红领巾。

请你讲家乡望城的故事，

让我们了解昨天；

请你讲讲方向盘的作用，

让我们懂得路该怎样行；

请你与我们一起跳舞，

掀起欢乐的浪花层层；

请你和我们一起讨论：

什么是最美的人生？

我们甚至这样想象——

你开车路过我们学校，

一定会来看望我们，

给我们带来暖人的春风……

1990 年 7 月

你的名字有超然之力

★

雷从俊

雨润良田，当我触及百家姓的一角
并顺便写下自己的宗祖，没想到
一派温婉中竟有万钧之力
当我记住这世上最著名的好人
尚不知他名字里隐藏着稀世的锋芒

平凡的宗亲抑或伟大的本家
你相信吗，自己成了一切好事的喻体
一切好人的概括。作为精神的存在
你诞生了一个军团，催生了一个个社团
养育多少诗人作家艺术家

你在亿万条标语口号中诗意地安居
如同在数不清的春风中来来往往
你就是你，你更是许多人
招摇过市的像章是美意的美颜
以你之名的汇款是本土的本色
你是海外殿堂传说的挂像
你也是纸媒式微中创刊的那本杂志

你是谁，或谁是你呢
只要谁真正是你，你便永远是谁
你愿同人们拥有共同的名姓
直到这两个普通的汉字轻如春风
有诗人称你为“信仰之子”
这信仰当然包含自然的图腾
天　地　水　火　风　雷　山　泽
你选择了耀眼的闪电和贯耳的绝响
犹如选择了高蹈人间的姿势
连一默如雷的生命，也自然而然

当我们向世界递上精神的名片

亲爱的宗族已走出形象大使

一笔写不出两个“雷”字呵

就在我引以为荣的时刻，共时的生命

在你我之间掠过细微的狂飙

2021 年 11 月 28 日于解放军文工团

一座钢城　代代雷锋

★

山　雨

在祖国的东北
有一座城市因钢铁而闻名
它有共和国长子的美誉
坐落在千朵莲花山脚下

这样一座钢城
有两代雷锋
在雷锋精神和郭明义精神的感召下
每十个人中就有一名志愿者

水灾、疫情、暴雪……

都无法将这座钢城打垮

无论何时何地

雷锋精神都引领着钢城人民众志成城

长久以来

钢城人民已将雷锋精神融入骨血

子孙后代血脉相传

一座钢城　代代雷锋

雷锋像前沉思

★

张桂林

你没有死　塑像

是你活在人民心中的印证

远远地投去目光

你以进行曲的节奏

向我走近

咔嚓咔嚓的脚步

把我内心幽暗的角落

踏成一片光明

你短暂的青春

在共和国的历程上标为方向

雷锋　你的名字

在民族精神的基座上

隆起了一个伟大的高度

亿万颗灵魂

缘着它不断上升

（《大众日报》1990年3月24日）

雷 锋 颂

★

朱东惠

你是女娲补天炼下的一块五色玉石

你是屈子行吟汨罗遗下的一颗心

你是楚天潇湘全部芙蓉凝成的一点精魂

你是北国辽东所有矿脉炼成的一锭纯金

你是五千年深幽的古屋走出的鲜灵童子

你是两千万腔碧血滋育出的一瓣香馨

你是莱茵河畔那位先哲养在东方的幽兰

你是韶山冲走出的那位伟人栽种的灵芝

然而你是平凡而又伟大的一位士兵

你震撼了中国又在世界激起澜波

你的身高只有一百五十多厘米

可人人瞧你须仰视才行

你的体重不足百斤

可在宇宙的天平上能压得起诺亚方舟

你的相貌平常得很

可连美惠三女神都自惭形秽不敢自矜

如果这轮星球人人同你一样

那还有什么你争我夺日暗月昏

还有什么硝烟弥漫郊原血湮

还有什么戒备森严墙高院深

胖得发愁的大亨　苦雨凄风中的流浪人

也全化作了乌有　世界一片清新

每一天晨风抚慰每一个努力劳作的人

每一日朝霞染红每一处角落每一个瞳仁

夕阳下海天鸥飞渔舟唱晚

暮烟里短笛横吹舞翩歌欢

天祥地和人间全是真情充满温暖

千古江山万年永乐四海同春

相信这一天能够来到

相信这世界不会只有一个雷锋

（《辽宁日报》1992年3月3日）

雷锋，你是一条温暖的河流

★

刘　克

雷锋，你是一条温暖的河流
让我们追寻你的方向
让我们听到你的心音
让我们到达你的内心
迷失的季节
也初衷不改
让我们握紧你的双手
在崇敬里，为一种朴素歌唱

随时能感知到你的存在
日常生活　街头　车站广场

风里雨里

风雨兼程　雷锋

如何理解你长者的宽厚

如何理解你淡泊的心境

如何才不会再有冷漠

沉浮人们的心头

让我们效仿，最终

让我们成为你，

或者，成为你的一部分

雷锋，你是一条温暖的河流

（《解放军报》1993 年 3 月 2 日）

雷锋叔叔青春永驻

★

祁　辉

年年都有“三·五”，
但不是日期的重复。
雷锋的精神青春永驻，
仍然是亲切的雷锋叔权。

雷锋不老吗？
是的，雷锋不老，
岁月只是剖面的年轮，
挺起来总是一棵常青的树！

雷锋常在吗？

对，他无处不在——

扶伤时他是万能的血，

旱天里他是回春之锄。

年年都有“三·五”，

年年都有新的雷锋叔叔。

尽管有浊浪，但清流不息，

滋润着一个充满希望的民族！

（《人民日报》1995年3月4日）

有一种精神

——致雷锋

★

邓醒群

有一种精神，有一种力量
不因时间而改变，岁月风云而淹没
愈来愈厚重，主宰着人的灵魂

有一种精神，有一抹光辉
如春风，如细雨，如煦阳
寒冬给予温暖，酷暑予以清凉

有一种精神，有一根标杆
屹立世间而不腐

为行者导航，黑暗中点亮光明

有一种精神，有一样道德
国之基，民之根
无国界之别，肤色之分

有一种精神，有一面旗帜
飘扬着真情与奉献
良知飞舞，仇恨泯灭

有一种精神，有一股清泉
无声，润物
沙漠成绿洲，枯木发新枝

有一种精神，有一颗种子
沃土或瘠地，一样开花结果
香沁人，果累累

有一种精神，有一方大爱
绽放人性的光辉

十八双冷漠的眼光不再

有一种精神，有一种魅力

风姿绰绰，华光普照

让邪反正，恶从善

雷锋：一条河流的名字

★

大　卫

他穿越时间并成为时间的一部分

他走得太快了，仿佛他是那个时代的秒针

有时他跨在自身之上，一米五五的身长

足以构成这条河流最为坚固的一道桥梁

让钢成为不锈钢，让铁长出更多的光芒

作为一条不冻河，他有广阔的流域

从爱到爱，是浪花不断摇曳的模样

一条河从湖南望城流到辽宁抚顺

哪怕隐去波光粼粼的一面

他的锦绣他的波澜在阳光和月光下皆清晰可见

他是一条河的名字，以心跳作涛声

给土地以温柔而持久的力量

他以自己的名字命名河床

那双长长的手臂伸开时，刚好是开满鲜花的大堤

他爱这片土地，所以把土地紧紧地搂在怀里

在他灿烂的流域，浪花长出春风的样子

青草介绍更多的青草让牛羊认识

我常想起你

★

鲁若迪基

火塘边

老师讲过无数遍你的故事

你紧握钢枪的相片

挂在木楞房的教室里

我们不敢在相片上写什么

就在木头上写下对你的敬爱

多少年过去

讲故事的老师去世了

我们唱着学习你的歌长大

你俨然成了我们身上的一颗痣

无论工作生活学习

你无时无刻不在提醒我们
做一个高尚的人
在这个物质主义的时代
我的忧伤常常风一样袭来
却不能像河一样流走
是的，我常想起你
想到你心里永远只装着别人
太阳一样从来不会照耀自己
你总是把碰到的每件事
当作自己的事
总是把每个遇见的人
当作自己的亲人
我常常想起你，想起你
我感到雪里也潜藏着火
雨里也蕴含着甜蜜
那些生长起来的
都只会开爱的花
结爱的果
弥漫世界的
只有爱的芬芳

雷锋，永远的春风

★

肖爱民

当闷响的春雷
惊醒料峭的大地
总有一种温暖
萦绕在我们周遭
在湿漉漉的空气中
给人蓬勃与激昂
给人坚韧与力量

雷锋，永远的春风
从公元一九六三
刮到今天

短暂的生命虽然有限
榜样的春风
却持久不衰
多少年依旧清新拂面

春风中，走来了
平凡的好人郭明义
普通的售票员李素丽
走来了为了一百八十三个贫困孩子
带病义演的丛飞
走来了任劳任怨的徐虎
还有心中有团火的张秉贵……

雷锋，永远的春风
带着他的微笑和体温
一年年润物无声
雷锋，人民的儿子
祖国的骄傲
一座高耸的丰碑
暖阳下熠熠生辉

2012年3月10日

呼　唤

★

张　瑞

认识你那年

我呼唤你为叔叔

后来我称你为同志

如今我年过花甲

你仍在二十二岁的青春里

矮小的身材

挺立起信仰的高山

灵魂高耸民族之巅

你的精神如奔流大河

汇入了一个政党的血脉

或许人们不再记得

你的钟摆早已停止

在六十年前八月的一天

然而我深信

在浩瀚的天际中

你的年华如星光璀璨

你的名字已不属于你

在大街小巷里美化成了标语

你从平凡走向了伟大

如果有一天

更多平凡人成为你

那时你是真的回来了

宝　库

——写给雷锋纪念馆

★

唐德亮

这宝库不贮藏金银

但它比金银贵重

这宝库没有一张人民币

但它的价值无法估衡

这宝库有丰富的精神

这宝库是正义善良与崇高的化身

这宝库

上至领袖、元帅下至普通百姓

都对它表示赞赏与敬仰

这宝库有一座塔

是一个民族精神的制高点

这宝库是一面旗

永远燃烧红色温暖的火焰

这宝库外表并不宏伟

但它的高度

胜似五岳三山

到宝库来吧，你将会

有取不尽的精神财富

用不完的力量之源……

（《光明日报》2013年3月6日）

雷锋，用两个字竖起一座丰碑

★

冯　岩

用千层底的袜子走
走进千家万户
一火车的好事讲述短暂的人生
素不相识的面孔
总在心口默念的两个字成为永恒
一座不倒的丰碑立在心中

一张古铜色的脸浮出音容笑貌
抱孩子，撑雨伞，一个画面连着另一个画面
雪中生出的炭火格外耀眼

雷锋一个沉甸甸的名字
无论在哪个季节，街头商场
复写他的形象都在心头掀起热浪

口中念的，心口的想，生生不息
红领巾举起的队礼在红旗下随风飘扬

孩子们用稚嫩的手举起一座丰碑
眼神里的坚毅用一代一代的传承托举
少年强从我做起

雷锋，用一座丰碑铸就了未来的希望

雷锋，春天里最温暖的名字

★

韩东林

每到花朵开放的春天
就想到一个温暖的名字
和一座乡邻的　叫作抚顺的城市

小时候　称他为雷锋叔叔
并曾在他的雕像前
戴着红领巾　说出铿锵的誓言

老师说　要做像雷锋那样的人
像一颗永不生锈的螺丝钉
对同志　有着春风般的温暖。

他离开我们很久　而每个春天
都如约来到我们身边
推着一辆小车　为建设工地加瓦添砖

在雷雨中　将一位大娘送到家中
在列车上扶老携幼　默默地奉献.....
在学校　和少先队员亲切交谈

长大后　我称他为雷锋同志
告诉他　我已经是一名共产党员
一本《雷锋日记》　成为我力量的源泉

雷锋　一个永远年轻而不朽的名字
总会在三月　带着微笑朝我们走来
就像一缕春风　将我们的内心一次次温暖

我心中的雷锋

★

唐春元

他首先有个苦难的童年

是新社会给了他重生

他再是一个战士

是一枚进取的螺丝钉

他助人为乐

搀扶着老奶奶过马路

他克勤克俭……

这些光照耀着无数的人

如果有假如

他一定是个好丈夫

一定是一个好父亲

自己活着就是为了别人更好地活着

我愿永远做一个螺丝钉

这些刻进雷锋心里的誓言

至今鸣响在祖国每一个角落

有些人走了

他却永远活着

比如雷锋

比如无数个雷锋

在无数人心中获得永生

画雷锋

★

代红杰

在一面洁白的墙壁上

我画雷锋

刚刚画出轮廓

我的身后传来沧桑的声音

——雷锋

我的身后传来清脆的声音

——对，好战士雷锋！

我知道不是我画得好

是雷锋在他们的心中

还是在这面洁白的墙壁上

我写字

刚刚写下：向雷锋同志学习

我的身后传来齐声

——毛泽东

领袖毛泽东！

雷锋，毛泽东

毛泽东，雷锋

像是一个国度节奏响亮的诗句

更像是我们熟悉的两个亲人

从温暖的嘴唇同时发声

一个名字的高度

★

林　荃

河水一定是听到大海的召唤
才不知疲倦，滔滔向前
生铁一定感受了炉火的温暖
才身体滚烫，内心柔软
坚冰向往重生的春天。
雷锋，一个普通的名字
却像迷雾中的灯塔，引领无数人
穿过尘世的窄门，迈向壮阔的人生

根在华夏，爱的星火在世界燎原
它不属于任何宗教范畴

却超越一切教义，光耀史册

它是社会和谐的精神食粮

是一方有难八方来救

螺丝钉用旧了比喻，它是阳光的催化剂

良善的酵母

一个名字打开幼年的懵懂无知

落叶回到树枝，

孩子的欢闹越过敬老院的墙头

叮咚，白发苍苍的老母亲来电

志愿者刚从家门走出

三月名字挂在高处，四月阳光照进寒屋

五月六月……，从此走进千家万户

一个名字因为高度而闪光

一个名字因为温暖而获得永生

钉子精神

★

秋　语

在挤和钻的意志中

千锤而成

平凡之路，就像半个世纪真理的回声

树木里

一粒铁分子燃烧的指纹

其实，与木头和铁

根本无关

而我，渴望

从最明亮的一枚钉子身上

寻找自我——

喊出你的名字：雷锋

★

廖作舟

喊出你的名字：雷锋
大地都为之震动
和煦的春风，暖色的阳光
都不及你的名字，贴心暖肺

你的生命停摆于二十二岁
陨落如星辰，山河哭泣
你的青春是，燃烧自己
点亮别人

好人不老，你有一具不死的

金身护体，永垂不朽
我们都在铭记你，效仿你
口口传诵，代代相承

我们循着你的足迹
喊出：为人民服务
而不再只是一个口号
像一种使命，扛起和履行

你是人民的好儿子
士兵的好兄弟
孩子的好榜样，你更是
一个好人的护身符

尘世里一朵最美的幽兰

★

舒军辉

当我铺开诗笺
质朴、热情、奉献
这些词争相从笔尖蹦了出来
都是你热爱的真理

如尘世里一朵最美的幽兰
馨香、圣洁

世界转得飞快，那种久违的
忘我、进取的民族精神
有一种隔世的纯粹感

却依然散发着震慑人心的光芒

一个伟大的，沸腾的时代

一个透彻的对世界充满柔情的人

用灵魂，为自己写下平凡的诗篇

寻找雷锋

★

李　芳

雷锋在哪里啊

在一滴晨露的馨香中

在一抹温柔的注视中

也可能，铭记在人们的心中

不需要用史册等惯常的手段来体现

寻寻觅觅中，我来到一个雾蒙蒙的山头

举目望去

到处都是雷锋的身影啊

到处都是，擦干眼泪：

农民用血汗筑起伟大的长城

就连不甘命运捉弄的绝症人
一滴髓液救治一个个羸弱的生命
士兵伟岸的身影把敌人吓退
可敬的白衣战士
把热汗、热血，甚至至诚的信仰
都捐赠给，一个个听诊器
一双双皴裂的手
一个个口罩下喘息的同类
一声号子，一道道人墙
把洪流阻挡

万千尘埃构成大地
蔚蓝的海面是一朵朵浪花铸成
祥和伟大的祖国啊
是用爱的海洋凝聚
伴着空气的余香，传来一声声
雷锋啊，你在哪里
我听到，高山回答
哪里有爱，他
就在哪里

雷锋，我们需要你（节选）*

★

胡世宗

在每一个春季，

花儿初开，

大地染绿，

你带着你特有的微笑，

出现在人们的视野里……

还是那个二十二岁的士兵，

虽已过去，

---

* 原载2019年3月4日《中国国防报》，2019年3月5日《沈阳日报》，收入辽宁美术出版社2019年8月出版的《雷锋，我们需要你》一书，此为节选

已过去了半个多世纪，
和你同年的老兵，
一个个都已年过古稀，
白发苍苍，
蹒跚着步履，
只有你，
封存和定格了自己的青春，
封存和定格的还有
领章上汽车兵的符号，
和那褪色的土黄色军衣！

这是并不遥远的记忆，
在二十世纪六十年代初期，
人民领袖毛泽东主席，
在中南海他的桌案前，
俯下伟岸的身躯，
凝神挥笔，
写下七个苍劲的大字：
“向雷锋同志学习”！
雷锋啊，这等于

在你因公殉职半年之际，

我们的党，

把一块功勋的牌匾送给你，

这块牌匾，

在祖国的山河间，

在亿万人的心里，

是那样光彩夺目，

恒久地悬挂，

高高地耸立！

雷锋，我们需要你！

我们的时代需要你！

你不是——

不是手托炸药包的董存瑞，

他那一声爆响，

摧毁了反动派的堡垒，

鼓舞了勇士们冲锋的士气！

你不是——

不是用胸膛堵枪眼的黄继光，

他那飞身一扑，

瞬间凝成了

一个世代称颂的壮举！

雷锋啊，雷锋，

你就是一个普通的士兵，

你平凡的事迹，

并不惊天动地。

你的信念很是单纯，

你的观点十分简易，

你说，生命是有限的，

为人民服务是无限的，

要把有限的生命，

投入到无限的

为人民服务之中去。

你说，一滴水

只有放进大海里，

才永不干涸；

一朵鲜花，

打扮不出春天的美丽！

你曾反复发问，

问别人也是问自己：

如果你是一滴水，

你是否滋润了一寸土地？

雷锋啊，雷锋，

你当兵的岁月，

正是国家三年困难时期，

军人粮食也定量，

不能随意吃饱肚皮。

你和战友到野外打草，

中午，坐在山坡歇息，

你见有个战友饭盒空空，

他一早把午餐提前吃到了肚里，

此刻，他无奈又无语；

你面有愧色走到战友跟前，

捂着肚子，

谎称自己胃肠有疾，

把自己的饭盒递给他：

“啊，请帮个忙，吃下去……”

还是在鞍钢当青工的年月，

有一天，夜晚天降暴雨，

站台上

堆放着白天卸下的几百袋水泥，

你放下正在阅读的书籍，

毫不犹豫，

毫不犹豫，

回宿舍抱起自己单薄的棉被，

和工友们一起跑到站台，

把那床棉被铺盖到水泥上，

你抹了一把脸上的雨水，

露出了孩子般

难抑的欣喜！

雷锋，你用你不多的积蓄，

跑到书店去买书

在连队办起小小图书馆，

给战友们带来心灵的慰藉。

让大家和自己一样，

在清贫的日子里，

追求精神的富裕！

有人说，两眼一睁，忙到熄灯，

哪来的时间看书学习？

你笑语：

一块好好的木板，

钉子怎么能钉进去？

就靠两个字，

一个是钻，一个是挤！

靠这“钉子精神”，

你读了多少书啊，

薄薄的“黄继光传记”，

厚厚的《毛泽东选集》……

你打造了一个又一个

——“进步的阶梯”！

雷锋啊，你见不得别人有难，

不管这人是陌生还是熟悉。

火车上你遇到不认路的大娘，

你把她负责地送到她儿子的工地；

你看到抱孩子赶路的大嫂，

正逢风大雨急，

你赶上前去，

把自己的雨衣

往大嫂身上一披，

抱过孩子，

把这娘儿俩送到他们的家里……

雷锋，我们需要你！

人民群众需要你！

你看你做的

这些不起眼儿的小事儿，

一桩桩，一件件，

看上去，

并没有多么了不起！

但只要把它们往一块汇集，

特别是你做得始终如一，

就会让人掂量出——

平凡中

那蕴含着的伟大的意义。

你的存在，

让这个世界

增添了春天的气息！

雷锋，我们需要你！

确确实实需要你！

你身上流淌的

是五千年中华民族的血液，

你身上散发的

是南湖红船启航的动力！

在这熙熙攘攘的人间，

在这永不停顿前进的时光里，

人们都在探寻

生命的意义：

我从哪里来？

我向何处去？

到哪儿寻找善良与美好？

怎样追求自由、公平、正义？

只见你，

只见你，

雷锋啊，

在擦拭汽车盖儿的间隙，
偶然抬头，
微笑着高声朗诵：
“我活着，
是为了别人活得更美好！”
啊，雷锋，
你是多么出色的诗人，
否则，怎么会咏出
如此精彩、如此动人的诗句？！

宋代诗人陆游，
面对怒放的梅花，
幻想“一树梅花一放翁”，
曾发出忧郁的叹息：
“何方可化身千亿”？
雷锋啊，雷锋，
你只是埋头做好自己，
从来没有这样的预想和设计——
在长城内外，
在大江南北，

在都市，在乡村，
在军营，在学校，
在企业，在社区……
有多少不姓雷的“雷锋”，
林林总总的职业，
高高低低的年纪，
像雨后的笋芽儿一般
扑棱棱地拔地而起！
千千万万个雷锋
在祖国大地，
在一年四季，
营造出满春的氛围，
让整个祖国都温暖无比！

雷锋，我们需要你！
我们真的很需要你！
在中国特色社会主义新时代，
实现“中国梦”，
是全国军民最大的命题，
我们民族的伟大复兴，

巨型大厦的建造，
需要有深厚的道德根基！
在这宏伟的征途上啊，
雷锋啊，
你仍是一面高飘的大旗！
在偶尔迷茫的暗夜，
雷锋啊，
你仍是照亮前程的火炬！
信仰崇高，
又脚踏实地；
理想远大，
每每从小事做起。
……公交车上，
让座给怀孕的妇女；
……老人跌倒，
快快跑去扶起……
做这样的事，
应是不言而喻，
无须多虑，
别再迟疑！

是的，是的，

我们处在一个

充满希望的历史时期，

雷锋，我们需要你！

我们仍然——

或者说：更加需要你！

人民是大海，

你是这大海中

一颗小小的水滴，

国家是谷仓，

你是这谷仓里

一个饱满的麦粒。

习近平主席，

殷切地叮嘱——

要做雷锋精神的种子，

把雷锋精神

广播在祖国大地上。

我们每个人，

都像你，

在本职的岗位上，

为幸福而奋斗，

让个人的生命价值，

像礼花一样绽放；

让共同期盼的小康社会，

如朝阳一般升起！

看啊看——

亿万颗闪闪发光的螺丝钉，

拧在一盘巨大的机器，

让我们国家像高铁列车，

风驰电掣啊，

日行万里！